Benvenuti nel mondo Tea Sisters

Tea

Ciao, io sono Tea Stilton, la sorella di Geronimo Stilton! Sono l'inviata speciale dell'Eco del Roditore, il giornale più famoso dell'Isola dei Topi. Amo molto i viaggi e mi piace conoscere persone di tutto il mondo, come le Tea Sisters: sono cinque amiche davvero in gamba! Ve le presento!

Paulina

Altruista e solare, ama viaggiare e conoscere gente di tutto il mondo. Ha un vero talento per la tecnologia e i computer.

Pamela

È un'abile meccanica: datele un cacciavite e aggiusterà tutto! È golosa di pizza, che mangerebbe a ogni ora, e ama cucinare.

Colette

Ha una vera passione per vestiti e accessori, soprattutto di colore rosa. Da grande vorrebbe diventare una giornalista di moda.

Nicky

Viene dall'Australia ed è molto appassionata di sport, ecologia e natura. Ama vivere all'aria aperta e non sta mai ferma!

Violet

Ama molto leggere e conoscere cose sempre nuove. Le piace la musica classica e sogna di diventare una famosa violinista!

Vuoi essere una Tea Sister?
▼

....

mi piace ....
....
....
....
....
....

Testi di Tea Stilton
Coordinamento testi di Chiara Richelmi / Atlantyca S.p.A.
Soggetto e supervisione testi di Carolina Capria e Mariella Martucci

Coordinamento editoriale di Patrizia Puricelli
Editing di Daniela Finistauri

Art director: Iacopo Bruno
Copertina di Caterina Giorgetti (disegno) e Flavio Ferron (colore)
Graphic designer: Giovanna Ferraris / theWorldofDOT

Illustrazioni pagine iniziali e finali di Barbara Pellizzari (disegno) e Flavio Ferron (colore) | Mappe di Caterina Giorgetti (disegno) e Flavio Ferron (colore)

Illustrazioni della storia di Valeria Brambilla e Carolina Livio (disegno) e Francesco Castelli (colore)
Coordinamento artistico di Flavio Ferron
Assistenza artistica di Tommaso Valsecchi
Grafica di Chiara Cebraro

Da un'idea di Elisabetta Dami
www.ildiariodelleteasisters.it

Nuova Edizione 2015
© 2013 - EDIZIONI PIEMME S.p.A.
info@edizpiemme.it

International rights © Atlantyca S.p.A. - Via Leopardi, 8 - 20123 Milan - Italy
www.atlantyca.com - contact: foreignrights@atlantyca.it

Stilton è il nome di un famoso formaggio prodotto in Inghilterra dalla fine del 17° secolo. Il nome Stilton è un marchio registrato. Stilton è il formaggio preferito da Geronimo Stilton. Per maggiori informazioni sul formaggio Stilton visitate il sito www.stiltoncheese.com

È assolutamente vietata la riproduzione totale o parziale di questo libro, così come l'inserimento in circuiti informatici, la trasmissione sotto qualsiasi forma e con qualunque mezzo elettronico, meccanico, attraverso fotocopie, registrazione o altri metodi, senza il permesso scritto dei titolari del copyright.

Anno 2015 - 2016 - 2017   Edizione 3 4 5 6 7 8 9 10 11 12 13 14 15

Stampa: ELCOGRAF S.p.A.
Via Mondadori, 15 - Verona

Questo libro è stato stampato
su carta certificata FSC®

MISTO
Carta da fonti gestite
in maniera responsabile
FSC® C115118

Tea Stilton

A lezione di bellezza

PIEMME

Relax
dopo gli esami

Al College di Topford era tempo di esami di fine semestre. Dopo tanti pomeriggi passati sui libri, gli studenti stavano affrontando le prove nelle diverse materie: poi **finalmente** avrebbero potuto concedersi qualche giorno di meritato **RIPOSO** prima della ripresa delle lezioni!
Uscita dall'aula dopo aver consegnato il COMPITO di letteratura alla professoressa Rattcliff, Pamela abbracciò le amiche ed esclamò soddisfatta: – Evviva! Abbiamo finito!

RELAX DOPO GLI ESAMI

Violet le rispose **NASCONDENDO** a stento uno sbadiglio: – Dopo giorni e giorni di studio, *finalmente* un pomeriggio di riposo! Penso proprio che festeggerò con un bel sonnellino!
– Io con una **CORSETTA** sulla spiaggia! – disse Nicky stirandosi le braccia.

Relax dopo gli esami

– Se vuoi ti do un **PASSAGGIO** fino alla spiaggia! – si offrì Pam. – Così ne approfitto per fare un bel giro all'**ARIA** aperta.
– Io, invece, passerò il pomeriggio a installare nuovi programmi sul mio **COMPUTER** e aggiornare quelli vecchi! – disse Paulina.
Ma proprio quando le ragazze stavano per allontanarsi, ciascuna **DIRETTA** verso la propria attività preferita, Colette scrollò la testa e richiamò la loro attenzione:
– **No, no, no!**
Violet, Nicky, Pamela e Paulina la guardarono con aria interrogativa.
Fu Pamela a chiedere spiegazioni all'amica: – Perché '**no**', Cocò?

Relax dopo gli esami

Colette SORRISE: – Perché voi non andate da nessuna parte! Questo pomeriggio siete impegnate con me!
Di fronte allo SGUARDO perplesso delle amiche, la ragazza aggiunse, con aria misteriosa: – Dobbiamo andare tutte INSIEME in un posto speciale, dove potremo finalmente rilassarci!

Un pomeriggio speciale

– Sei sicura che sia qui il posto che cerchiamo? – domandò Pamela richiudendo la portiera del FUORISTRADA e guardando la strada stretta e semideserta nella quale Colette le aveva detto di parcheggiare.
– SICURISSIMA, venite! – rispose la ragazza infilandosi in una viuzza laterale e fermandosi davanti all'*elegante* vetrina di un piccolo negozio.
– Un salone di bellezza!? – esclamò Paulina guardando l'insegna del negozio.
– Sì! – esclamò RAGGIANTE Colette, balzando sui tre gradini che conducevano

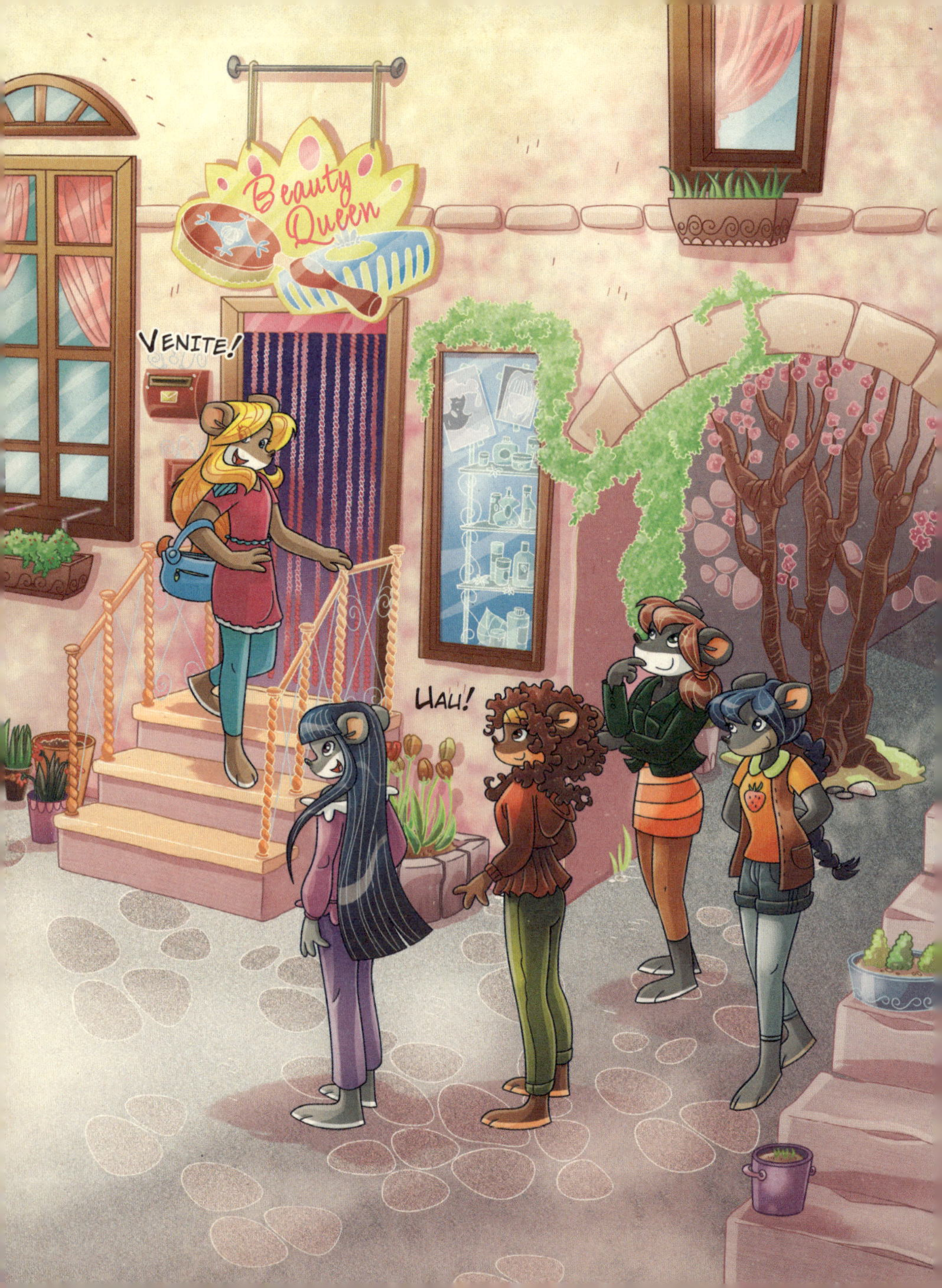
Beauty Queen
VENITE!
UAU!

Un pomeriggio speciale

all'ingresso e scostando la **TENDINA** di perline dietro cui si celava la porta. – Ma questo non è un semplice salone di bellezza... Questo è... il *Beauty Queen!*
Per Colette, infatti, il Beauty Queen non era un centro estetico qualunque, ma un posto **SPECIALE** nel quale si rifugiava ogni volta che aveva bisogno di rilassarsi e sentirsi coccolata.
Quando andava lì, la ragazza faceva il pieno di buon umore e ne usciva sempre con un gran SORRISO stampato sul viso.
– Buongiorno IVETTE! – salutò Colette correndo ad abbracciare la proprietaria, che ormai considerava un'amica.
– *Buongiorno Colette!* – rispose una roditrice castana, salutando la ragazza. Poi si rivolse alle amiche: – **FINALMENTE**

Un pomeriggio speciale

Buongiorno!

ci incontriamo! Colette mi parla sempre di voi e non vedevo l'ora di **conoscervi!**

Paulina sorrise: – Anche noi in effetti non vedevamo l'ora di scoprire il luogo **MISTERIOSO** in cui eravamo dirette!

– E ora che questo mistero è **RISOLTO**... – intervenne Nicky, – non vediamo l'ora di scoprire che cosa ci riserva questo **POMERIGGIO!**

– Beh... – rispose Ivette indicando le poltroncine rosa. – Allora non vi resta che mettervi comode e lasciar fare a me e a **MARGARET!**

Dalla postazione del lavatesta, una ragazza dall'aria timida salutò le Tea Sisters.

Un pomeriggio speciale

IVETTE si dedicò subito alle ragazze. Come prima cosa fece loro dei massaggi rilassanti al viso, poi passò al lavaggio dei capelli, e infine terminò con la creazione di **ACCONCIATURE** originali.
Margaret, intanto, si dedicava a realizzare simpatiche **DECORAZIONI** per le unghie.
Fu subito chiaro che Ivette non era solo brava, ma era anche una roditrice **SOCIEVOLE** e **SIMPATICA**, capace di mettere chiunque a proprio agio!
– Ti devo avvisare! – esclamò Pam mentre Ivette spegneva il casco e le liberava i capelli dai bigodini. – I miei *capelli* sono sempre stati crespi e **OPACHI**, e renderli luminosi è una battaglia persa, quindi...

CIAO!

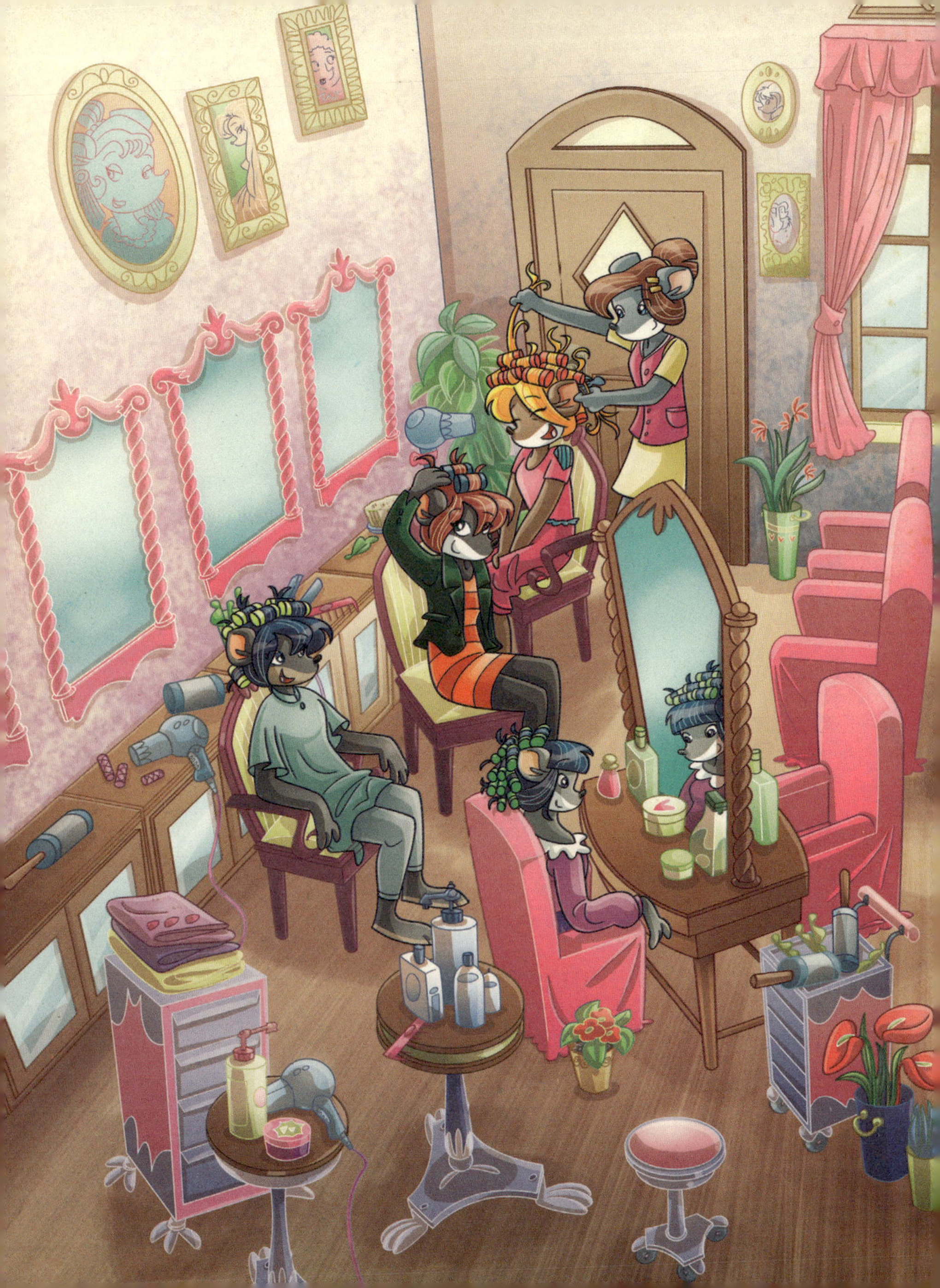

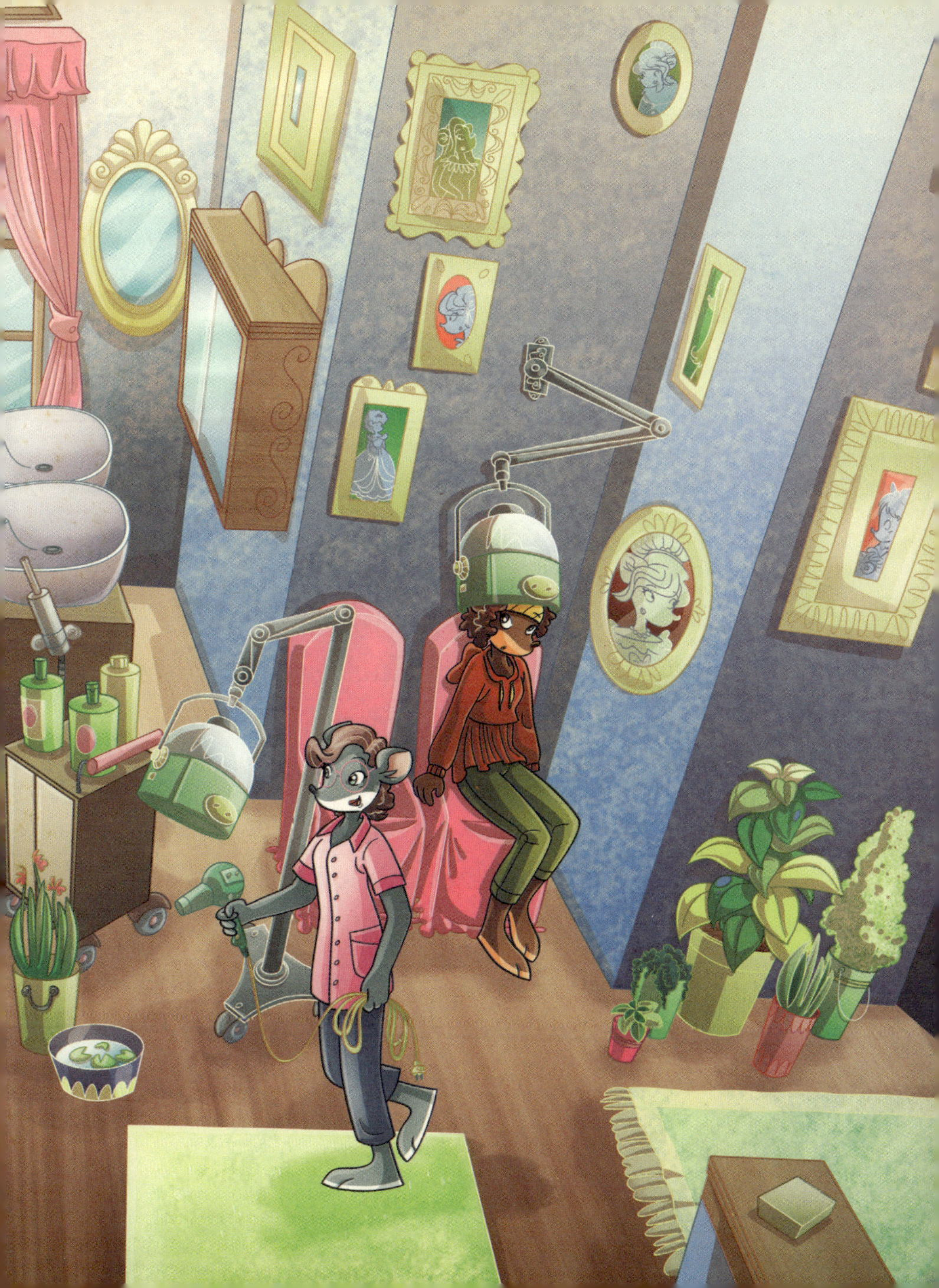

Un pomeriggio Speciale

Ma la ragazza non riuscì a terminare la frase, perché **GUARDANDOSI** allo specchio si accorse che i suoi ricci ribelli si erano trasformati in morbidi boccoli *lucenti*.
– Ora sì che hai una chioma davvero luminosa! – osservò Colette.
– Cocò ha ragione! – esclamò Violet ammirata. – **STAI BENISSIMO, PAM!**
Entusiasta del trattamento fatto, Pamela si avvicinò a una delle **FOTO** che tappezzavano le pareti del salone e, imitando la **POSA** di una delle attrici che vi erano raffigurate, disse: – Guardate, sembro anch'io una *diva!*

Sembro anch'io una diva!

Un pomeriggio *Beauty Queen* speciale

– È vero! Ma tu sei molto più estroversa! – scherzò Ivette. – Brigitte Brigette era un tipo di poche parole!
– Tu conosci *Brigitte Brigette?!* – domandò Colette sorpresa. – La famosissima attrice?
Ivette sorrise: – Certo! Prima di aprire questo salone lavoravo come truccatrice per il **CINEMA!**
– Dev'essere un lavoro **interessantissimo!** – fece Pamela sorpresa.
– Sì, interessante e **DIVERTENTE!** – rispose Ivette.
– Soprattutto quando realizzavo trucchi per film di fantascienza o dell'orrore!

Ecco un perfetto trucco da... marziano!

Un pomeriggio speciale

– **WOW!** – esclamò Paulina. – Mi piacerebbe un sacco saperne di più...
– Potete chiedermi quello che volete! – rispose IVETTE contenta.
– Mmh... aspettate un attimo – mugugnò Colette pensierosa. – Secondo me noi non siamo le uniche che avrebbero delle DOMANDE da farti: io dico che anche i nostri compagni di scuola sarebbero ENTUSIASTI all'idea di parlare con te...
La ragazza rimase in silenzio per un istante, poi esclamò: – Ragazze, mi è appena venuta un'idea!

Da Hollywood a Topford!

Appena uscite dal *Beauty Queen*, le Tea Sisters si precipitarono al college.
– **Buongiorno, ragazze!** – le salutò il professor Show vedendole entrare nell'aula professori. – Di cosa avete bisogno?
– Veramente non abbiamo **BISOGNO** di nulla... – iniziò Colette, – ma abbiamo avuto un'idea per il nuovo corso di **CINEMA!**
Paulina spiegò al professore dell'incontro con la proprietaria del Beauty Queen: – Abbiamo scoperto che, prima di aprire un *salone di bellezza* qui sull'Isola delle Balene, Ivette ha lavorato come **TRUCCATRICE**

Da Hollywood a Topford!

per il cinema... Così abbiamo pensato che sarebbe **INTERESSANTE** invitarla al college per tenere delle lezioni sul trucco cinematografico!
L'insegnante ascoltò con **ATTENZIONE** la proposta delle sue studentesse.
– Allora, che cosa ne dice, professor Show? –

Possiamo invitare Ivette?

DA HOLLYWOOD A TOPFORD!

domandò Paulina. – Possiamo invitare Ivette a tenere delle LEZIONI?
– Dico che... – iniziò il professore, – non *possiamo... dobbiamo* invitarla! Quello del truccatore è un lavoro **essenziale** nel mondo del cinema, e per noi sarebbe un'ottima occasione avere in classe la vostra amica IVETTE per svelarci i segreti di una professione così affascinante!
– Che bello! – esultò Colette. – Sono certa che lei ne sarà FELICISSIMA!
E così, mentre l'insegnante andava ad avvisare il rettore Ottavio Enciclopedico De Topis, le Tea Sisters si PRECIPITARONO al Beauty Queen.
– Ragazze! – esclamò Ivette sorpresa vedendo tornare le sue CLIENTI. – Che cosa ci fate di nuovo qui?

DA HOLLYWOOD A TOPFORD!

Colette le corse incontro emozionata: – Siamo venute a *invitarti* a tenere delle lezioni di trucco cinematografico al nostro college!
A quel punto, le ragazze le spiegarono l'idea che avevano avuto.
Di fronte a quella proposta INASPETTATA, Ivette rimase senza parole.

– Ivette! Ivette! – la RICHIAMÒ Margaret, indicando una cliente a cui la roditrice stava facendo lo SHAMPOO. – Ehm... Credo che possa bastare...
– Oh! Mi scusi! – esclamò IVETTE accorgendosi in quel momento che la roditrice aveva la testa completamente piena di schiuma.
– Beh... – commentò MARGARET con un sorriso, rivolta alle Tea Sisters. – Non vorrei sbagliarmi... ma secondo me la risposta è 'Sì'!

Un trucco... da urlo!

Nella sua vita Ivette non aveva mai insegnato, ma AMAVA il suo lavoro e le piaceva moltissimo l'idea di condividere la SUA passione per il trucco cinematografico con gli studenti di Topford.
E per questo era decisa a IMPEGNARSI al massimo!
Il mattino dell'inizio del corso, Ivette arrivò al college con molto anticipo per sistemare l'aula, e lo fece con tanta ATTENZIONE e cura da lasciare gli studenti a bocca aperta!
Disposti sulla cattedra c'erano pennelli, ombretti e rossetti dai COLORI sgargianti,

Un trucco... da urlo!

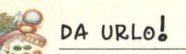

denti finti, parrucche e plastilina: quell'aula **SEMBRAVA** davvero la sala trucco di un set cinematografico!

– **WOW!** – esclamò Colette ammirando insieme alle Tea Sisters gli strumenti del mestiere dell'amica.

È TUTTO PRONTO...

– Ho la sensazione che le LEZIONI di Ivette saranno stratopiche! – le fece eco Pamela guardandosi intorno stupefatta.

– *Ben arrivate, ragazze!* – salutò Ivette allegra. – Avrei pensato di iniziare con una breve introduzione teorica... ma dopo mi piacerebbe che facessimo PRATICA tutti insieme. Voi che cosa ne dite?

– DICIAMO CHE NON VEDIAMO L'ORA! – rispose Paulina battendo le mani.

Agli studenti di Topford bastarono pochi minuti di LEZIONE per rendersi conto di quanto fosse eccezionale e unico quel corso di trucco cinematografico.

Tutti i segreti che Ivette stava condividendo con loro, infatti, erano frutto di anni di esperienza, e non esisteva nessun libro che li contenesse!

– E ora... – annunciò Ivette proiettando su una parete la locandina di un FILM a cui aveva lavorato molti anni prima, – vi presento il protagonista del film *Terrore nell'acqua*: il MOSTRO del lago!
Alle spalle di Ivette comparve l'immagine di un mostro SPAVENTOSO, che in realtà era solo un attore sapientemente truccato dalle mani ESPERTE della roditrice.
Una volta spiegato come aveva realizzato il trucco dell'ATTORE-MOSTRO, Ivette chiese agli studenti di provare loro stessi a creare un trucco adatto per il protagonista di un film dell'orrore, usando i compagni come modelli.

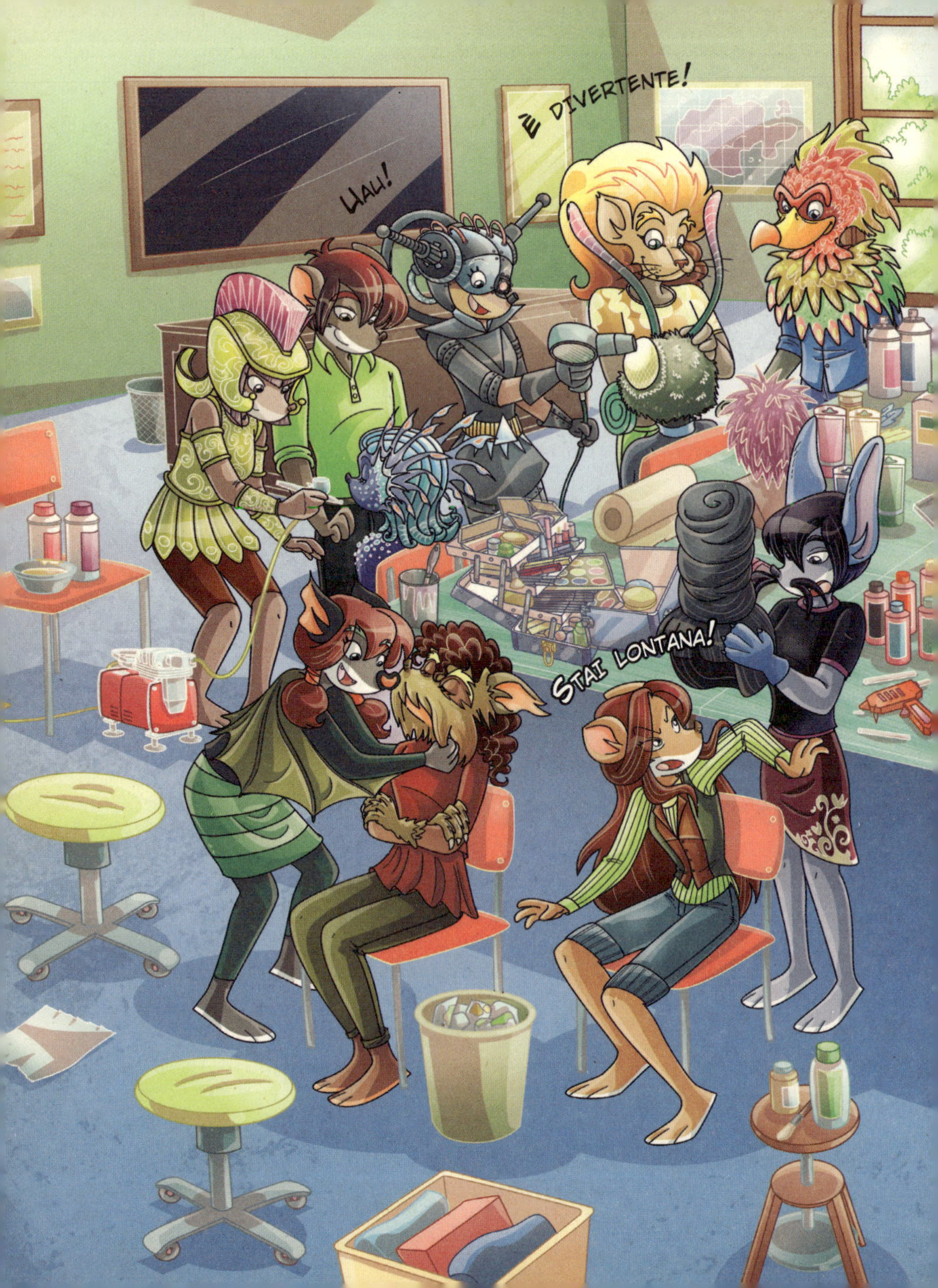
UAU!
È DIVERTENTE!
STAI LONTANA!

Ecco un... Mostro Legnoso!

I ragazzi si **GETTARONO** a capofitto nell'impresa, e in breve tempo l'aula si popolò di creature con tre **OCCHI**, denti aguzzi e pelle squamosa.
Gli studenti si stavano divertendo un mondo!
– Siete molto bravi! – disse Ivette osservando compiaciuta l'**OTTIMO** lavoro fatto dagli studenti.
– **MOSTRUOSAMENTE BRAVI!** – scherzò Nicky mentre infilava alle mani di Pamela due guanti **PELOSI** da Mostro delle Foreste!

Insieme per il Beauty Queen

– Buongiorno ragazzi! – chiamò il rettore RAGGIUNGENDO gli studenti che, a lezione terminata, chiacchieravano in giardino.
– Com'è andata la LEZIONE?
– Benissimo, rettore! – rispose Paulina voltandosi: era ancora TRUCCATA da Mostro della Laguna!
– AAAAHHHHH!!! – urlò il rettore, che non era preparato a quella visione.
– Ci scusi – disse Violet sfilandosi una parrucca di capelli blu. – Non abbiamo ancora avuto tempo di struccarci!
Il rettore sorrise compiaciuto: – Bene, questo

insieme per il Beauty Queen

vuol dire che la lezione è stata appassionante... Poi, vedendo giungere IVETTE, aggiunse: – Signora, i miei studenti sono entusiasti, dobbiamo **programmare** al più presto la prossima lezione! Sempre che il lavoro al suo salone di bellezza non la impegni troppo...

È STATO DIVERTENTISSIMO!

INSIEME PER IL BEAUTY QUEEN

– **N-NO, N-NO**... tornerò volentieri... – balbettò Ivette imbarazzata mentre il rettore si congedava per tornare al suo lavoro.
Per quanto la roditrice si fosse sforzata di mostrarsi SORRIDENTE, però, Colette notò che qualcosa nelle parole del rettore doveva averla rattristata.
Preoccupata, la ragazza decise di chiederle una spiegazione: – Che cosa succede, Ivette? C'è qualcosa che non va?
Evitando lo SGUARDO di Colette, Ivette andò a sedersi su una panchina: – Nulla di importante...
Le Tea Sisters si scambiarono un'occhiata: erano sicure che IVETTE avesse qualche preoccupazione!
– **Magari...** – disse Pamela sedendosi accanto alla roditrice, – anche se non è nulla di

INSIEME PER IL BEAUTY QUEEN

importante, puoi parlarcene lo stesso. Di solito serve sfogarsi un po'...
Così, di fronte alla *SINCERA* attenzione di quelle ragazze così gentili, Ivette decise di *confidarsi* con loro: – Purtroppo, temo che dovrò chiudere il *Beauty Queen*...
– Chiuderlo?! – trasalì Colette. – E perché mai? È il migliore *salone di bellezza* dell'Isola delle Balene!

DEVO CHIUDERE IL BEAUTY QUEEN...

Insieme per il Beauty Queen

La roditrice raccontò che, qualche mese prima, **un altro** salone aveva aperto sull'isola, e da allora le clienti erano andate via via diminuendo, conquistate da quel **MODERNISSIMO** e *lussuosissimo* nuovo centro estetico.
– Il Beauty Queen è un salone piccolo e all'antica – spiegò IVETTE, – e io e Margaret non riusciamo a reggere il confronto con il **Vissia Beauty Center**...
– Vissia?! – esclamò Paulina, sentendo pronunciare il nome della madre di Vanilla.
– Sì... – rispose Ivette.
– Beh, non importa di chi sia questo nuovo centro e quanto **MODERNO** sia! – fece Colette. – Il Beauty Queen non può chiudere!

– Hai ragione! – le fece eco Violet. – E sono certa che tutti gli studenti a cui hai fatto LEZIONE oggi sono pronti ad aiutarti: non sei sola!

Gli occhi di Ivette divennero lucidi per l'emozione: – Grazie ragazze, ma non dovete PREOCCUPARVI per me...

– Ah, ma noi non lo facciamo per te! – disse Pamela. Poi, accennando un sorrisetto, continuò: – Lo facciamo per noi! Se il *Beauty Queen* chiude dove andremo a rilassarci?

Un nuovo inizio...

Dopo che Ivette se ne fu andata, le Tea Sisters e i loro amici si **RIUNIRONO** in giardino: erano decisi a cercare tutti insieme un'idea per tenere aperto il Beauty Queen.
– **Ivette è bravissima**... – sospirò Colette passeggiando ai piedi del grande pioppo che dominava il **GIARDINO** silenzioso. – Ai suoi clienti non potrebbe offrire niente di più di quello che **OFFRE** già!
– Questo è vero – le fece eco Violet. – Però capisco che non sia facile reggere la concorrenza di un centro **ULTRAMODERNO** come quello di Vissia...

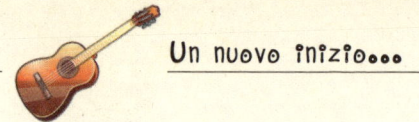

– È vero... Dobbiamo **INVENTARCI** qualcosa di diverso! – esclamò Pam.
– E dobbiamo anche farlo **IN FRETTA!** – osservò Tanja mostrando agli amici lo schermo del **PORTATILE** su cui stava facendo delle ricerche insieme a Paulina.
– Secondo quanto dice il sito del **Vissia Beauty Center**, da domani a ogni nuovo cliente del salone verrà regalato un cofanetto di creme della Vissia Cosmetics!
– Il loro motto – continuò Paulina, – è...

*Per essere bellissime
basta usare i prodotti giusti!*

– Ma non è affatto vero! – sbottò Colette.
– La *vera bellezza* non c'entra nulla con

Un nuovo inizio... Un nuovo inizio...

le creme o i prodotti per capelli! Non c'entra nemmeno con i VESTITI e gli accessori! Notando lo sguardo stupito dei suoi amici, Colette spiegò: – È bello prendersi cura di se stessi, ma secondo me a rendere *bellissimo* ciascuno di noi sono le esperienze che facciamo, le cose che impariamo e le **emozioni** che proviamo!

LA BELLEZZA È...

Pamela rifletté qualche istante: – Forse ci hai appena **suggerito** un'idea, Cocò! Il salone di Ivette potrebbe offrire non solo trattamenti di bellezza, ma anche... esperienze! Sto pensando a presentazioni di libri, concerti, mostre...
– Certo! – intervenne Paulina. – E di queste attività potremmo occuparci noi!
– *Belli dentro e belli fuori!* – suggerì Violet entusiasta. – Ecco quale sarà il nostro motto!
– **È UN'IDEA STRATOPICA!** – esultò Nicky. – E sono certa che anche Ivette ne sarà entusiasta!
Nicky non si sbagliava, perché quando le ragazze raggiunsero il *Beauty Queen* ed esposero a Ivette i loro progetti, la risposta della roditrice non lasciò alcun dubbio: – Mi sembra

un'idea meravigliosa! Ora sì che il mio salone diventerà un posto davvero SPECIALE!
– Allora non ci resta che iniziare! – sorrise Colette soddisfatta e piena di speranza.
Le Tea Sisters e i loro amici si misero subito al lavoro.
Violet e Tanja, armate di violino e chitarra, attrezzarono all'interno del salone un angolo nel quale fare ESIBIZIONI MUSICALI dal vivo.
Paulina, Shen, Craig e Nicky, invece, trasformarono la stradina che portava al salone di bellezza in un museo all'aperto, sistemando quadri e dipinti realizzati dagli studenti di Topford durante il corso di PITTURA.
Colette, Pam ed Elly, infine, allestirono un angolo del salone dove offrire alle clienti una consulenza per valorizzare il loro LOOK.

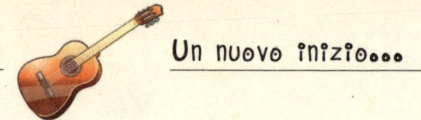

Intanto, IVETTE e MARGARET si dedicavano come sempre con cura e attenzione alle loro clienti.

IL SUCCESSO FU… STRATOPICO!

Incuriosite dalle nuove iniziative e conquistate dall'atmosfera unica del salone, le clienti di Ivette TORNARONO ad affidarsi alle sue cure. E ben presto contagiarono con il loro entusiasmo anche amiche e conoscenti!

Il *Beauty Queen* non era mai stato così frequentato!

BRAVE!

Violet e Tanja organizzano esibizioni musicali dal vivo!

QUI!

Paulina, Shen, Craig e Nicky trasformano l'ingresso in un museo all'aperto!

COSÌ È PERFETTA! OOOH!

Colette, Pamela ed Elly fanno consulenza di moda alle clienti.

Vecchie e nuove invidie...

Il successo del salone di Ivette, però, aveva suscitato l'**INVIDIA** e il **FASTIDIO** di Vissia De Vissen! Non appena era stata informata dell'improvviso calo di clientela al suo Vissia Beauty Center, la roditrice si era **AFFRETTATA** a telefonare alla figlia Vanilla, che cercò di tranquillizzarla:
– Non **PREOCCUPARTI**, Mamy... io e le mie amiche continueremo a frequentare il Vissia Beauty Center. Sono **CERTA** che questa moda dei concerti e delle

Che cosa succede?!

VECCHIE E NUOVE INVIDIE...

mostre passerà presto e tutti torneranno al tuo centro estetico!
Ma Vissia non aveva intenzione di correre **RISCHI** e pensò di passare subito al contrattacco... a modo suo!
Nel frattempo Ivette, vedendo che il **salone** era ogni giorno più affollato, decise di fare un ulteriore passo per rilanciare l'attività.
Una **SERA**, poco prima dell'orario di chiusura, la roditrice riunì gli studenti che la stavano aiutando e spiegò: – Grazie a voi non mi sono **ARRESA** e sono riuscita a rilanciare questo salone! E vista la grande quantità di clienti delle ultime settimane, ho pensato di **INTRODURRE** una novità...

NON PREOCCUPARTI!

VECCHIE E NUOVE INVIDIE...

In quel momento, un roditore dal sorriso furbo fece il suo ingresso nel salone.
Ivette gli si fece incontro ALLEGRA e, rivolgendosi ai ragazzi, continuò a spiegare, emozionata: – Lui è la novità di cui vi parlavo: si chiama Anton ed è un TRUCCATORE e un parrucchiere di grande esperienza! Da domani mi aiuterà nella gestione del *Beauty Queen!*
– Benvenuto! – esclamò Pamela cordiale.
– Grazie – rispose Anton guardandosi intorno con aria ALTEZZOSA. – È un onore essere qui.
Nonostante le parole di Anton, però, il suo SGUARDO sembrava ostile.
Colette in particolare era perplessa. Così, prese in disparte Ivette e le domandò: – Come hai conosciuto Anton?

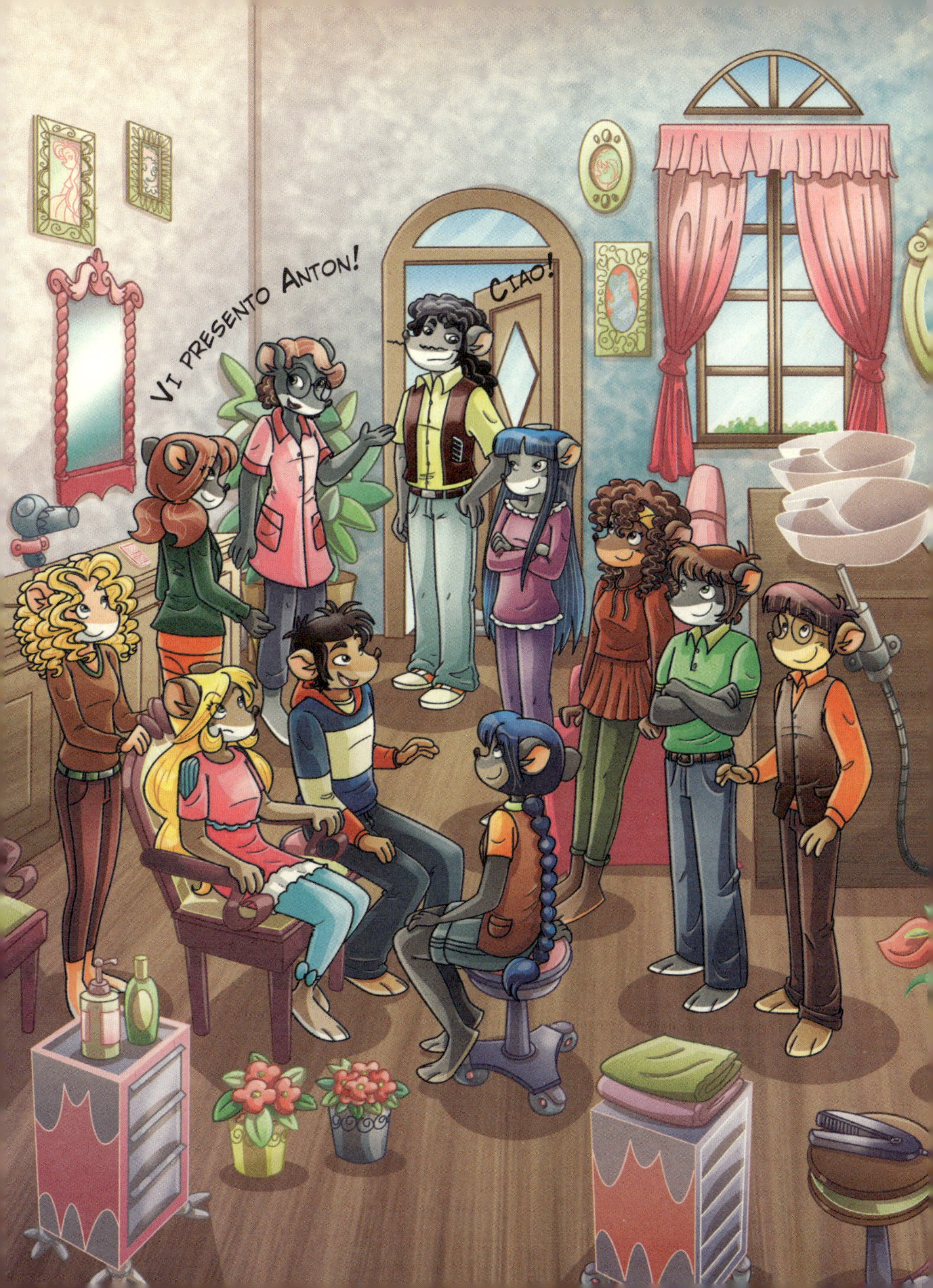
VI PRESENTO ANTON!
CIAO!

VECCHIE E NUOVE INVIDIE...

La risposta della roditrice non fece che aumentare la sua PERPLESSITÀ: – In realtà è stato lui a contattarmi... – raccontò Ivette.
– Ha **telefonato** al salone qualche sera fa, dicendo che si era trasferito da poco sull'isola e gli avrebbe fatto piacere lavorare con noi. Una fortunata coincidenza, non credi?
Colette si sforzò di SORRIDERE.
– Sì... credo di sì... – rispose, mentre cercava di scacciare la brutta sensazione di qualche guaio *IN ARRIVO...*

Una serie di strani incidenti

L'**Angolo dei Consigli** del Beauty Queen era una delle novità che aveva riscosso più successo: i *piccoli trucchi* per valorizzare il proprio aspetto erano richiestissimi!
Colette e Pamela, quel pomeriggio, stavano suggerendo a una cliente quale ABITO e quali accessori scegliere per un'occasione speciale.
– Grazie mille, ragazze! – disse la roditrice AVVIANDOSI verso l'uscita. – Seguirò i vostri consigli e acquisterò un CERCHIETTO verde smeraldo!

– Esatto! – confermò Colette. – Vedrà che farà **risaltare** il colore dei suoi occhi!
– Ragazze... avete visto che cosa è successo? – chiese Violet raggiungendo Colette e Pamela.
Colette si guardò intorno e rispose, contenta:
– Sì, il salone è **STRAPIENO** e abbiamo prenotazioni anche per la prossima settimana... Sta andando tutto benissimo!
– AAAAHHHHHHHHHH!!! CHE COSA È SUCCESSO AI MIEI CAPELLI?
Le Tea Sisters sussultarono.
A gridare era stata Sally, una cliente abituale del salone, visibilmente **ALTERATA**.
– Avevo chiesto un trattamento lisciante per domare i miei capelli **CRESPI**, e questo sarebbe il risultato?
La roditrice, in effetti, in quel momento sfoggiava una chioma piena di **riccioli** ribelli!

Una serie di strani incidenti

Ivette cercava di calmare la **CLIENTE**: – Non ho idea di come sia successo... – balbettò, **MORTIFICATA**.
– Sono certa di aver usato lo shampoo giusto...
– Lascia fare a me! – disse Anton con tono severo, sopraggiungendo in quel **MOMENTO**. – Siamo desolati, Sally, ora cercheremo di..
– Non ci pensi nemmeno! – lo interruppe Sally alzandosi dalla poltroncina e levandosi dalle spalle l'asciugamano. – **VADO VIA!** Sono certa che al Vissia Beauty Center sapranno **rimediare** a questo disastro! Detto ciò, la roditrice infilò l'uscita, mentre nel **salone** calava un pesante silenzio.

Una serie di strani incidenti

– Ivette... – disse Margaret qualche minuto dopo, **RAGGIUNGENDO** la roditrice, che metteva a posto le spazzole su un tavolino.
– Non devi preoccuparti, un **INCIDENTE** può capitare a tutti...
– **GRAZIE, MARGARET...** – rispose la roditrice con un filo di voce. – Ma non è così, un incidente di questo tipo non deve assolutamente capitare.
La ragazza avrebbe voluto controbattere, ma guardando gli **OCCHI** lucidi di Ivette capì che sarebbe stato inutile, perciò si limitò a **RASSICURARLA**: – Vedrai che non accadrà più nulla del genere.
PURTROPPO, però, le cose non andarono come sperava Margaret, perché nei giorni successivi ci furono altri **MISTERIOSI** incidenti al Beauty Queen!

Una serie di strani incidenti

Un giorno, improvvisamente, tutti gli **ASCIUGACAPELLI** smisero di funzionare...
Poi, addirittura, una perdita di acqua dalle **TUBATURE** allagò l'intero salone!
– Ragazze! – esclamò Pamela strizzando lo **STRACCIO** con cui stava aiutando Margaret ad asciugare il pavimento.

EH? NON FUNZIONA...

SI È SVITATO IL TUBO!

– Qui c'è qualcosa che non va...
– Lo penso anch'io! – annuì Paulina. – Tutti questi **INCIDENTI** sono strani... e inoltre...
– ... non **SOMIGLIANO** per nulla a incidenti! – concluse Colette con piglio deciso.
– Sta succedendo qualcosa di poco chiaro qui... e dobbiamo **CAPIRE** di che cosa si tratta!

Operazione 'occhi aperti'

Da quel giorno, la regola delle Tea Sisters divenne "**OCCHI APERTI!**": guardandosi attentamente attorno, infatti, le ragazze erano certe di poter **SCOPRIRE** l'origine dell'inaspettata serie di incidenti che si era abbattuta sul *Beauty Queen* proprio mentre le cose iniziavano ad andare meglio!
Così, mentre continuavano ad aiutare Ivette, le Tea Sisters e i loro amici iniziarono a prestare la massima attenzione a ciò che accadeva nel salone, e dopo non molto **NOTARONO** qualcosa che fino a quel momento era loro sfuggito.

OPERAZIONE 'OCCHI APERTI'

– È una mia impressione – disse Violet dopo qualche giorno di **OSSERVAZIONE**, – o Anton si comporta... in modo strano, come se **ostacolasse** il lavoro di Ivette e Margaret?
– Sì, lo penso anch'io – approvò Violet. – Se ne va nel momento di maggior bisogno...
– E a volte è molto **SCONTROSO!** – annuì Paulina pensierosa.

LASCI FARE A ME...
SE NON VUOLE I CAPELLI ROVINATI...

Operazione 'occhi aperti'

L'**ATTEGGIAMENTO** di Anton non aveva convinto nessuno! I ragazzi lo sorpresero addirittura più volte a **PARLARE MALE** della proprietaria del salone con le clienti!
Per non parlare di come trattava Margaret! Approfittando del carattere docile della ragazza, il roditore non perdeva occasione per riprenderla e metterla in **DIFFICOLTÀ!**
– Margaret! – sbraitò Anton un pomeriggio, precipitandosi alla postazione-lavaggio, dove la ragazza stava per fare lo **SHAMPOO** a una cliente. – Ma si può sapere che cosa stai **combinando?**
– Io... io... – provò a dire lei arrossendo.
– Questo shampoo non è certo adatto per i capelli della **CLIENTE!** – la rimproverò lui.
– Veramente, io sto usando... – cercò di spiegare **MARGARET**.

OPERAZIONE 'OCCHI APERTI'

– La scusi, signora – la interruppe Anton, rivolgendosi alla cliente. – La **ragazza** è chiaramente impreparata. Non si preoccupi, vado subito a prendere il prodotto più adatto a lei! Dall'**Angolo dei Consigli**, Colette drizzò le orecchie: quella non era la prima volta

OPERAZIONE 'OCCHI APERTI'

che Anton RIMPROVERAVA Margaret e poi trovava il modo di sostituire i prodotti che stava usando!
– Sta succedendo qualcosa di strano... – mormorò la ragazza, e con le amiche seguì il parrucchiere nel retrobottega.
Lì, le Tea sisters trovarono Anton intento a... SCAMBIARE le etichette di due flaconi di shampoo!
– Anton, che cosa stai facendo? – chiese Colette.
– N-niente... Sto prendendo un flacone di SHAMPOO... – provò a ribattere il roditore, visibilmente imbarazzato.
– Beh, allora potresti farci vedere l'altro FLACONE, quello a cui hai staccato l'etichetta? – lo incalzò Nicky.
– Si può sapere che cosa succede? – chiese allora IVETTE, richiamata dal quel vociare.

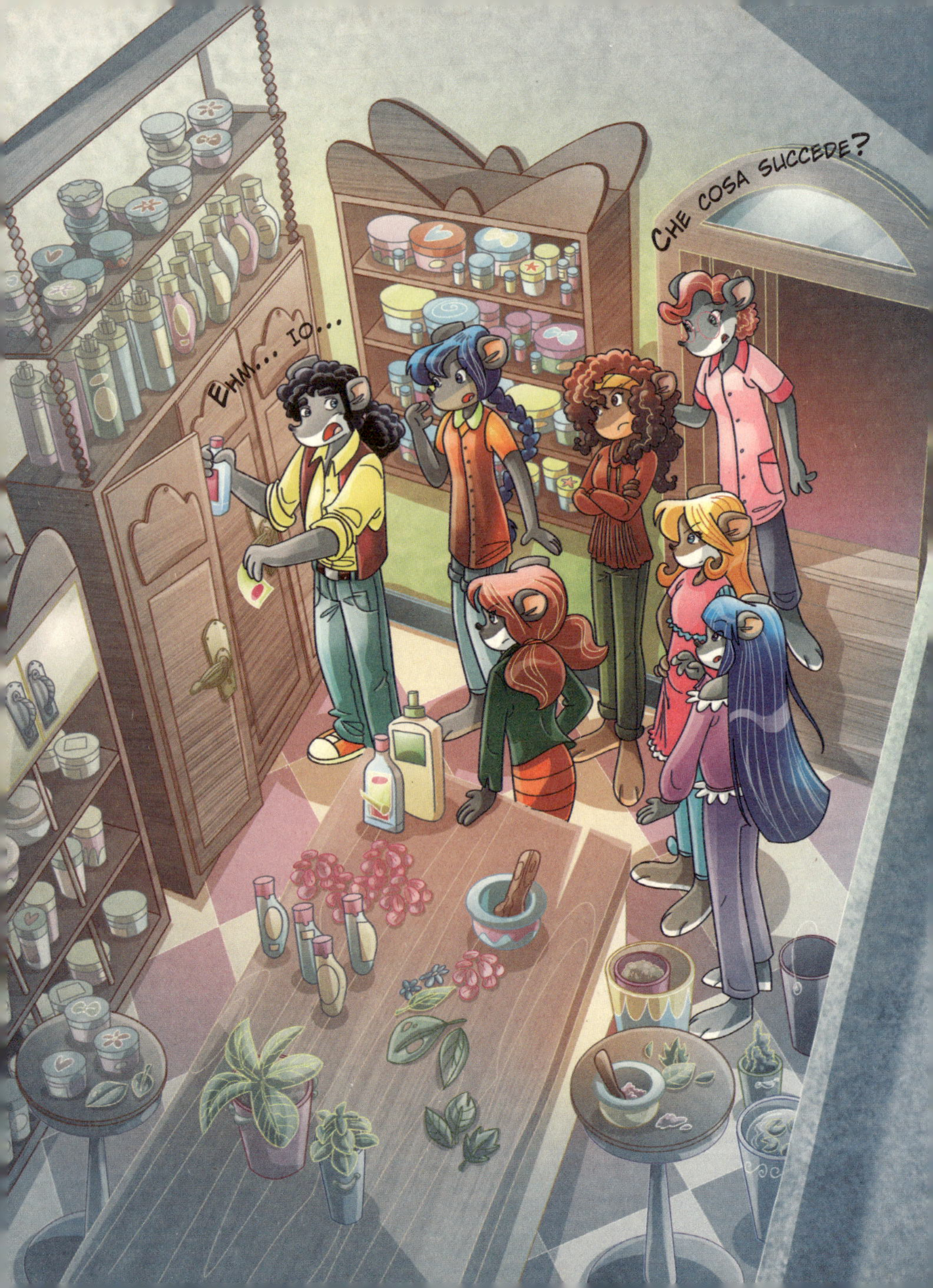
EHM... IO...
CHE COSA SUCCEDE?

OPERAZIONE 'OCCHI APERTI'

– Succede – svelò Paulina esaminando il flacone che il PARRUCCHIERE stava maneggiando al loro arrivo, – che Anton ha appena scambiato le ETICHETTE di due flaconi... quello di *shampoo lisciante* con quello *effetto super riccio*!
– Allora è per questo che i capelli delle clienti diventavano ricci quando invece avevano bisogno di un trattamento lisciante! – esclamò Ivette stupita.
Poi, strappò dalla mano di Anton il flacone e gli ordinò: – **FUORI DI QUI!**

Una grande delusione...

Passato lo scatto di rabbia che le aveva dato la forza di **CACCIARE** Anton dal suo salone, Ivette si lasciò assalire dallo sconforto: – Ma perché mai Anton avrà fatto una **COSA SIMILE?**

– Non lo so, ma l'importante è averlo scoperto prima che combinasse altri **GUAI**... – cercò di consolarla Colette. Purtroppo, però, la delusione della **TRUCCATRICE** era destinata ad aumentare.

MA PERCHÉ?

Una grande delusione...

– Guardate qua! – esclamò Paulina indicando il contenuto dell'armadietto del sabotatore.
– Temo che Anton non sia responsabile soltanto dei problemi di piega delle **CLIENTI!** Tra le cose del parrucchiere, infatti, le ragazze **SCOPRIRONO** anche una cassetta piena di attrezzi: con quelli aveva potuto agevolmente allentare il tubo dell'**ACQUA** in modo che perdesse e manomettere gli asciugacapelli!
– Eh, già – annuì Pamela **OSSERVANDO** una chiave inglese e un cacciavite. – Questi non sono certo i ferri del mestiere di un **PARRUCCHIERE!**
E, a quanto pareva, non era tutto: nell'armadietto

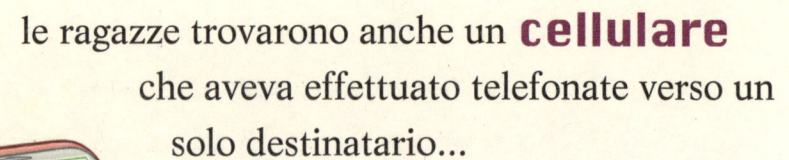

Una grande   delusione...

le ragazze trovarono anche un **cellulare** che aveva effettuato telefonate verso un solo destinatario...
– **Non ci posso credere!** – disse Nicky leggendo a chi apparteneva quel numero. – Anton chiamava tutti i giorni il ***Vissia Beauty Center!***
– Lo sentivo che c'entrava Vissia in tutta questa faccenda! Evidentemente non poteva sopportare che il *Beauty Queen* riconquistasse le sue clienti! – esclamò Violet.
– Ma non ti preoccupare, Ivette – disse Colette decisa, – ora che abbiamo scoperto l'INGANNO, le cose si sistemeranno e non avremo altri incidenti...

Una grande delusione...

La roditrice, che per tutto il tempo era rimasta seduta in disparte ad assistere con espressione **AVVILITA** alle scoperte delle ragazze, scosse la testa: – Non lo so, Colette. Non lo so davvero...

E così dicendo andò a **CHIUDERSI** nel suo piccolo ufficio, dove restò fino all'ora di chiusura.

– Ragazzi – disse solo allora facendo capolino nel salone. – Potreste **VENIRE** un attimo qui? Vorrei parlarvi...

Le Tea Sisters, i loro **amici** e Margaret raggiunsero la roditrice, pronti ad ascoltare ciò che Ivette aveva da dire.

– Cari amici – esordì **PACATAMENTE** lei, – in queste ultime settimane il Beauty Queen è tornato a essere il **salone** vivace e pieno di vita che era un tempo, e di questo devo dire

Ho preso una decisione...

Una grande delusione...

grazie a voi. Dopo quello che è successo oggi, però, non credo di poter più andare avanti: ho deciso di **CHIUDERE!**
– IVETTE, aspetta, non essere precipitosa! – disse Pamela.
Ma la roditrice sembrava ormai SICURA della decisione presa: – Ci ho pensato a lungo, e credo sia meglio così. Scoprire di essere stata tradita da qualcuno in cui avevo riposto la mia fiducia mi ha molto DELUSA. Ma non è tutto... Presto voi dovrete tornare ai vostri impegni scolastici, dato che ricominceranno le LEZIONI e i compiti. Se anche le cose riprendessero ad andare bene non potrei farcela a mandare avanti tutto da sola...
Nel piccolo ufficio calò il silenzio: i ragazzi si rendevano conto che quell'avventura stava per giungere al termine.

Ma a quel punto Colette esclamò: – Aspettate un attimo! Io so chi può aiutarti, Ivette!
La **TRUCCATRICE** le rivolse un'occhiata incuriosita: – E chi sarebbe?
– Una persona **LEALE** e *molto preparata...* – iniziò Colette. – Una persona che, sono sicura, saprà dare un tocco in più a questo salone: **MARGARET!**

Segreti di bellezza naturali

All'inizio, tutti, Margaret compresa, guardarono Colette **SCONCERTATI**: non avevano capito l'idea della ragazza. Come poteva Margaret aiutare ancora di più IVETTE, oltre ad affiancarla nel lavoro?
Colette, però, era assolutamente sicura di ciò che aveva detto: nei giorni passati, infatti, aveva **OSSERVATO** bene la ragazza, e aveva notato che Margaret era sempre pronta a riservare alle clienti un trattamento **speciale**...
Solo che, vista la sua timidezza, le clienti nemmeno se ne accorgevano!

SEGRETI DI BELLEZZA NATURALI

— Ti ho vista spesso **MASSAGGIARE** con olio d'oliva le **PUNTE SECCHE** e sfibrate dei capelli delle clienti – svelò Colette a Margaret. – Altre volte, invece, aggiungevi dell'aceto all'acqua con cui risciacquavi i capelli dopo lo shampoo, per renderli più lucenti!

— Margaret, non sapevo che fossi un'esperta di rimedi di bellezza **NATURALI!** – esclamò Ivette sorpresa, mentre la ragazza arrossiva. Colette **SORRISE:**
— E sono sicura che Margaret ci riserva ancora tantissime **SORPRESE!**

– Allora, Margaret? Che cosa ne dici di prenderti qualche ora dal tuo lavoro e dedicarti all'**Angolo dei Consigli?** Potrai dispensare ricette di *bellezza* e consigli... – propose Paulina.
– Veramente, **IO NON...** – balbettò la ragazza. Timida e riservata com'era, la ragazza non si sentiva abbastanza sicura e **SPIGLIATA.** Ma quando capì che la prospettiva di avere una collaboratrice

> L'olio d'oliva è ottimo per i capelli secchi! Applicane un po' sulle punte inumidite e lascialo agire per 10 minuti prima dello shampoo!

> L'aceto di mele rende lucidi i capelli! Aggiungine un cucchiaio nell'acqua che usi per l'ultimo risciacquo dopo lo shampoo, vedrai che risultati!

FIDATA su cui contare aveva riportato il sorriso sul volto di Ivette, la ragazza non ebbe il coraggio di rifiutare: – Va bene, proverò!
A quanto pareva, però, la **TIMIDEZZA** di Margaret era più forte della fiducia che Ivette e i ragazzi avevano RIPOSTO in lei.
Pur essendo preparata e attenta, Margaret sembrava a disagio ogni volta che si sentiva al centro dell'ATTENZIONE e perdeva subito la sua disinvoltura. Era in imbarazzo anche solo ad accogliere le clienti nel salone o a dar loro dei consigli per valorizzarsi!
– Mi dispiace per Margaret – disse Violet una sera, mentre con le amiche rientrava al college. – Non riesce proprio a SUPERARE la sua timidezza...
– È UN VERO PECCATO! – sbottò Pamela.
– È così brava!

ECCO LA TUA PRIMA CLIENTE!
IO... EHM...
CORAGGIO!
SCUSATE, NON CE LA FACCIO!

– Già... – annuì Nicky. – Le manca solo un po' di fiducia in se stessa!
Colette si fermò di colpo: – E sapete una cosa? **SAREMO NOI A DARGLIELA!**
– Ma... come? – chiese Violet.
– **NON LO SO ANCORA...** – rispose l'amica con aria pensierosa. – Ma sono sicura che insieme troveremo l'**idea** giusta!

Un pizzico di fiducia...

Quella notte, Colette non era quasi riuscita a chiudere **OCCHIO**. Continuava a pensare come avrebbero fatto, lei e le sue amiche, ad aiutare **MARGARET** a trovare un po' di fiducia in se stessa.
– Buongiorno Cocò! – salutò Pamela saltando giù dal letto e **RAGGIUNGENDO** la finestra per lasciare entrare i primi tiepidi raggi di sole della giornata.
Ma appena aprì la finestra, Pam cacciò un urlo: – **AAAAHHHHH!!! AIUTO!!!**
– Pam, che cosa succede? – domandò Colette preoccupata.

Un pizzico di fiducia...

Quando **RAGGIUNSE** la finestra, Colette scoprì che a spaventare l'amica era stato un piccolo **RAGNETTO** sul vetro.
– Pam! – sorrise Colette allungando una **ZAMPA** in modo che il ragnetto potesse salirci sopra. – Non c'è motivo di spaventarsi per un animaletto tanto minuscolo!

Guarda! – concluse **AVVICINANDO** l'animaletto al viso dell'amica.
– **AH! TIENILO LONTANO!** – rispose Pam facendo un balzo indietro.
Colette sorrise: – Se solo tu affrontassi la tua paura capiresti che è una *piccola* cosa... Ehi... Ci sono!!!
– Che cosa succede?! – domandò Pamela avvicinandosi **IMPERCETTIBILMENTE** all'amica.
– Ho trovato l'idea che stavo cercando: Margaret è una ragazza così **TIMIDA** che ha paura di parlare in pubblico... anzi, è terrorizzata alla sola idea di rivolgere la parola alle clienti del **salone**... – spiegò Colette depositando l'animaletto fuori dalla finestra.
– Già! – convenne Pamela. – Si spaventa solo all'idea... eppure nel suo lavoro è bravissima!

– Sono certa... – continuò Colette, – che se Margaret AFFRONTASSE una volta per tutte la sua paura, questa svanirebbe un po'! Così, Colette e Pam si PRECIPITARONO dalle altre Tea Sisters per spiegar loro che cosa avevano in mente. Una volta elaborato un piano, le cinque amiche corsero al Beauty Queen per metterlo in atto!
– Buongiorno! – disse Margaret vedendo entrare le ragazze e andando loro INCONTRO.
– Come mai qui a quest'ora?
– Abbiamo avuto un'idea stratopica! – esordì Pam. – Stiamo lavorando al sito internet del Beauty Queen e abbiamo pensato di mettere online un piccolo filmato in cui Ivette spieghi perché questo salone è speciale...
– Ivette sarà FELICE di farlo! – rispose Margaret.

Un pizzico di fiducia...

Violet si allontanò e si diresse verso lo studio di IVETTE, per convincere la roditrice a diventare loro complice.
– Sì – rispose Colette a Margaret, senza perdere d'OCCHIO l'amica. – Pensavamo a una cosa semplice, di pochissimi minuti, niente di complicato...
– Ragazze, abbiamo un PROBLEMA! – annunciò Violet raggiungendo con Ivette le amiche e Margaret. – Ivette non può girare il VIDEO!
– E come mai? – domandò Margaret.

HE HE HE!

PIANO RIUSCITO!

81

Un pizzico di fiducia...

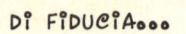

– Perché è **COMPLETAMENTE** senza voce – spiegò Violet.
– Ma... abbiamo parlato poco fa – disse Margaret *GUARDANDO* perplessa Ivette.
– Com'è possibile che...
– Beh... – si affrettò a interromperla Colette temendo che il loro piano potesse naufraga-

Un pizzico di fiducia...

re. – Le si sarà **IMPROVVISAMENTE** infiammata la gola... Vero, Ivette?
La roditrice annuì con insistenza, mentre Colette tornò a rivolgersi alla giovane assistente:
– Margaret... *devi sostituirla tu!*
– I-io? – balbettò la ragazza.
– Proprio così! – esclamò Nicky. – Sai tutto del *Beauty Queen!*
Margaret scosse la testa spaventata: – **NO NO, NO!** Io non sono in grado di parlare davanti a una videocamera...
Colette guardò Margaret negli occhi e le chiese: – *Ti fidi di noi?*
Margaret esitò, ma poi rispose decisa: – Sì!
– E allora non avere **PAURA**, perché noi abbiamo fiducia in te! – concluse Colette.
Per Margaret non fu **FACILE** mettersi davanti a una videocamera e parlare del

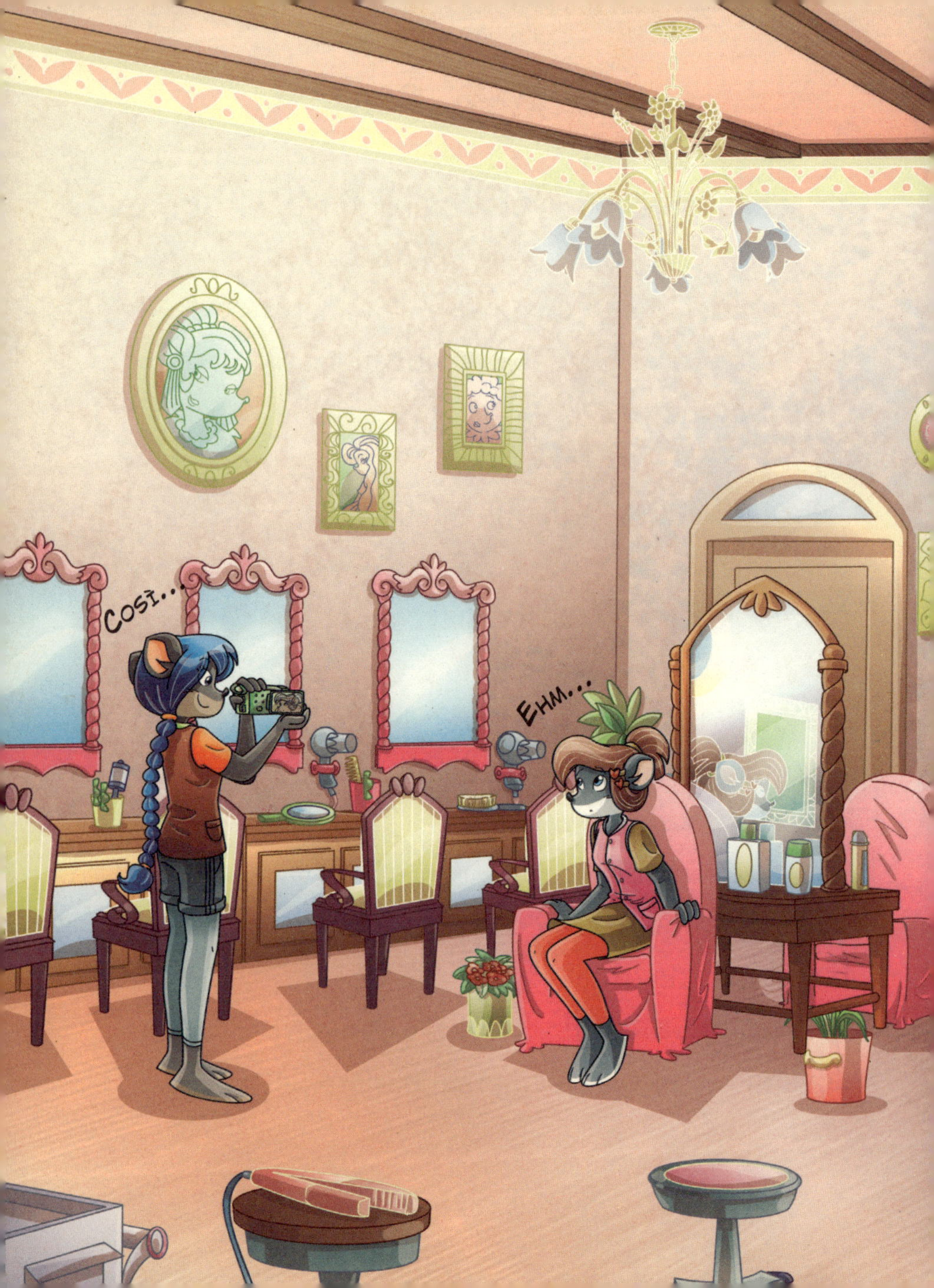
COSÌ...
EHM...

He he!

Beauty Queen sapendo che centinaia di persone avrebbero visto quel filmato... ma alla fine ci riuscì, proprio come avevano previsto le Tea Sisters.

– **SEI STATA BRAVISSIMA!** – si complimentò Paulina spegnendo la videocamera.

– **FANTASTICA!** – si lasciò sfuggire Ivette.

– Ma... la tua gola? – domandò Margaret sorpresa.

– Non c'è nessuna gola **INFIAMMATA!** – svelò Colette. – Abbiamo organizzato tutto per dimostrarti che sei perfettamente in grado di mettere da parte la tua **TIMIDEZZA** e le tue insicurezze!

Margaret si guardò attorno **SPAESATA**: Colette aveva ragione, appena aveva iniziato a parlare del lavoro che **amava** era riuscita a dimenticare le sue paure!

Un pizzico di fiducia...

– Quindi... – esitò la ragazza. – Voi dite che posso farcela a essere più SPIGLIATA con le persone che non conosco?
– Ne siamo convinte! – la interruppe Pam.
Colette prese da un tavolino uno SPECCHIO, lo mise davanti al viso di Margaret, e chiese:
– Dimmi che cosa VEDI...

DIMMI CHE COSA VEDI...

UH?

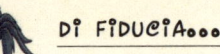

– Una ragazza... *normale* – sussurrò Margaret.
– Mhm... – MUGUGNÒ pensosa Colette.
– Io invece vedo una ragazza *speciale!*
– Una ragazza gentile e generosa – aggiunse Nicky.
– Una ragazza che riesce a prendersi cura degli altri attraverso piccoli gesti! – concluse Paulina.
Dopo essere rimasta in silenzio per qualche istante, Margaret SORRISE: – E sapete che cosa vedo io? Cinque meravigliose amiche!

Una scoperta... profumata!

Il giorno seguente, finite le LEZIONI, ciascuna Tea Sisters trovò un messaggino sul proprio cellulare.
– Mi ha scritto Margaret! – esclamò Pamela.
– Anche a me! – le fece eco Violet.
Colette aprì la borsetta ed ESTRASSE il suo telefonino: – Anch'io ho ricevuto un suo sms!
– Credo abbia scritto a tutte! – OSSERVÒ Paulina aprendo il messaggio e iniziando a leggerlo.
– Confermo! – annuì Nicky.

UNA SCOPERTA... PROFUMATA!

DA: MARGARET

Dopo la nostra chiacchierata di ieri ho deciso che voglio mostrarvi una cosa. Venite al salone appena POSSIBILE!

– Di che cosa credete che voglia parlarci? – domandò Pamela **PERPLESSA**.

– Non lo so! – disse Colette sorpresa. – Ma non vedo l'ora di scoprirlo, quindi le rispondo che stiamo **ANDANDO** da lei!

Pochi minuti dopo, il fuoristrada di Pamela, con a bordo le Tea Sisters, parcheggiò davanti al *Beauty Queen*.

– Margaret! – salutò Colette entrando nel salone e scorgendo la ragazza, intenta a frugare in un borsone poggiato sul pavimento. – Eccoci!

– **Vi stavo aspettando!** – disse Margaret alzandosi e andando incontro alle amiche.

– Ho pensato molto a quello che mi avete detto ieri e ho **CAPITO** una cosa.

90

UNA SCOPERTA... PROFUMATA!

Colette osservò che Margaret aveva una LUCE nuova negli occhi: una luce che la faceva apparire come una ragazza diversa, sicura e DETERMINATA.
– Io... – esitò Margaret per un istante. Poi continuò con piglio deciso: – Voi sapete che ho una passione per i rimedi di bellezza naturali. In realtà... è più di una passione! Detto ciò, la ragazza andò a recuperare il borsone col quale stava armeggiando pochi minuti prima e, sotto gli OCCHI sbigottiti delle Tea Sisters, lo aprì e ne rivelò il contenuto: flaconi e vasetti di creme, shampoo, maschere e tanti altri cosmetici, tutti fatti in casa con le sue mani e con prodotti naturali!
– Qualche anno fa ho frequentato un corso per creare cosmetici naturali e da allora continuo a prepararli! – spiegò Margaret.

UNA SCOPERTA... PROFUMATA!

– Ma non avevo **MAI** avuto il coraggio di parlarne con nessuno... Voi, però, mi avete fatto capire che devo **CREDERE** di più in me stessa, e così...
– Mmm! – esclamò Colette annusando un barattolino di **CREMA** per il viso alla rosa.
– Questa crema ha un profumo meraviglioso!
Le ragazze si misero a esplorare le creazioni di Margaret e, prese dall'entusiasmo per quella **FANTASTICA** scoperta, non si accorsero che Ivette le aveva raggiunte.
– Quale sarebbe la crema dall'**ODORE** meraviglioso? – domandò incuriosita la roditrice.
– Si tratta di una crema che ho fatto io con ingredienti naturali, si chiama **ROSA SENZA SPINE** – spiegò Margaret.

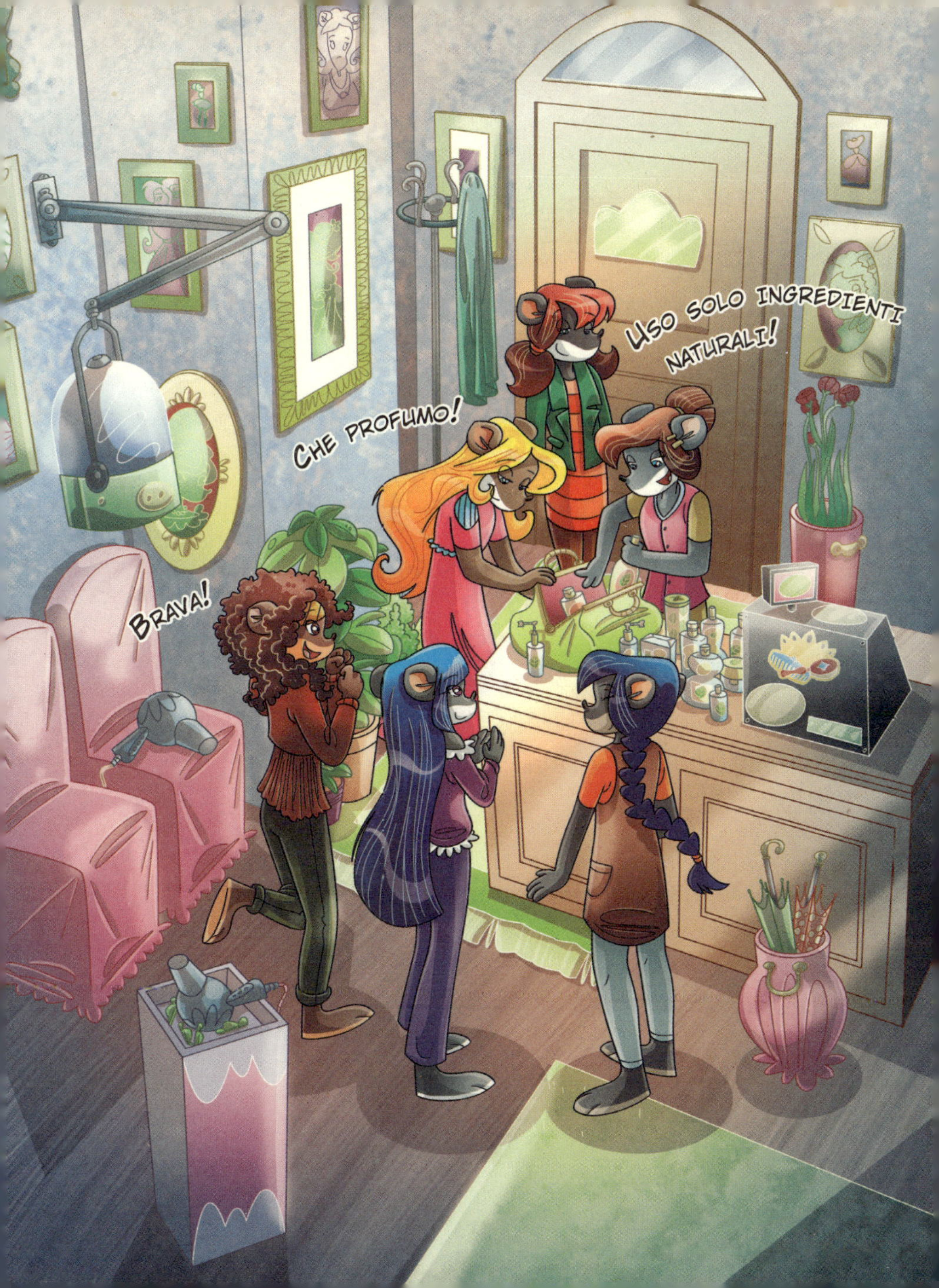
USO SOLO INGREDIENTI NATURALI!
CHE PROFUMO!
BRAVA!

Ivette era stupita e ammirata: Margaret dimostrava un grande **talento!**

Così, senza nemmeno pensarci, propose: – Che cosa ne diresti se utilizzassimo i tuoi cosmetici nel salone? Sono certa che le clienti li adorerebbero!

Margaret guardò Ivette, poi scambiò un'**OCCHIATA** con le sue nuove amiche, che erano riuscite a infonderle sicurezza di cui aveva bisogno, e rispose decisa:

– **Ne sarei onorata!**

Facciamo festa!

Ivette aveva visto giusto: nel momento **ESATTO** in cui erano stati esposti nella vetrinetta all'ingresso del salone, i prodotti di bellezza **NATURALI** preparati da Margaret avevano scatenato prima la curiosità e poi l'entusiasmo delle **CLIENTI!** Le Tea Sisters avevano proposto di chiamare la linea di prodotti di Margaret *"Il bello della natura"*!

Beauty Queen
Grazie!
Entrate!
IL BELLO DELLA NATURA
Uau!
Interessante...
Non vedo l'ora di provarli!

FACCIAMO FESTA!   FACCIAMO FESTA!

Il passaparola delle clienti SODDISFATTE si diffuse ovunque e in pochi giorni il *Beauty Queen* si trasformò nel salone più frequentato dell'Isola delle Balene!
Considerata la richiesta dei prodotti **"Il bello della natura"**, Ivette decise di trasformare parte del retrobottega in un piccolo LABORATORIO cosmetico artigianale. Lì Margaret iniziò a trascorrere parte della giornata frullando, sminuzzando e pestando ingredienti **naturali**!
– Allora, Colette, sei pronta a vedere il risulta-

FACCIAMO FESTA!   FACCIAMO FESTA!

to? – chiese **MARGARET** un pomeriggio in cui l'amica si era offerta di essere la prima a sperimentare una nuova **MASCHERA** per capelli all'olio di semi di lino.

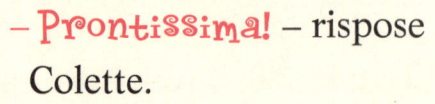

– *Prontissima!* – rispose Colette.

– Resterai senza parole – anticipò Nicky, portando la ragazza vicino a uno **SPECCHIO** in modo che l'amica potesse finalmente vedersi.

Colette si guardò e sgranò gli occhi: la sua folta chioma era più **VOLUMINOSA**, più lucente e più *bella* che mai!

UAU!

– Margaret, questa maschera è eccezionale! – esclamò Ivette **entusiasta**.
– Ma propongo di non metterla in vetrina con gli altri prodotti...
– **NON TI SODDISFA?** Se vuoi posso ancora migliorarla... – provò a dire Margaret.
– No, no! Cos'hai capito? – scoppiò a ridere Ivette. – La **MASCHERA** è perfetta... così perfetta che vorrei presentarla alle nostre clienti con una festa!
L'idea di una **FESTA** di lancio per la nuova maschera *"Capelli da favola"* entusiasmò le Tea Sisters, che si offrirono subito di occuparsi dell'organizzazione.
– Ecco pronto l'ultimo **invito!** – annunciò Violet. – Ora non resta che distribuirlo per far venire le persone che non conoscono ancora il *Beauty Queen*.

– Saranno Craig, Shen e Ron a occuparsi della distribuzione, domani! – fece Paulina.

Nicky aggiunse contenta:

– Sarà una S E R A T A perfetta!

– Forse... – disse Colette, che per tutto il tempo se ne era rimasta assorta in **DISPARTE**. – Forse c'è un modo per rendere la festa ancora più speciale...

– A cosa pensi, Cocò? – chiese Pam, che conosceva bene quel tono.

– Beh – rispose l'amica, – pensavo che... sarebbe **BELLO** se riuscissimo a invitare Brigitte Brigette o qualcuna delle dive che Ivette ha truccato in passato!

– È un'idea stratopica! – esclamò Nicky.

Il salone di bellezza Beauty Queen è lieto di invitarvi alla festa che si terrà per il lancio della nuova maschera "Capelli da favola!" Non mancare!

– IVETTE ne sarebbe contentissima! – convenne Pamela. – E sarebbe un'ottima pubblicità per il salone! Credi che potremmo riuscirci?
– Riuscirci non lo so... – rispose Colette. – Ma di sicuro possiamo **PROVARCI!**
Così, le ragazze si gettarono a capofitto nella nuova impresa, e ne furono così **ASSORBITE** da non accorgersi che qualcuno non era affatto contento dell'**enorme** successo dei prodotti naturali di Margaret...

Vissia ci mette lo zampino

– Mamy? La situazione è **PEGGIORE** di quanto immaginassimo! – annunciò Vanilla togliendosi il cappello e i grandi OCCHIALI che aveva indossato per mimetizzarsi tra le clienti del Beauty Queen.

Mamy?

Dopo che le Tea Sisters avevano smascherato Anton, il Vissia Beauty Center aveva perso un alleato molto prezioso.
E come se non bastasse, a SOTTRARRE clienti al centro estetico di proprietà di Vissia

Vissia ci mette lo zampino

De Vissen, si era messa anche la nuova linea di
COSMETICI NATURALI?
Vissia aveva quindi deciso di correre ai ripari,
e aveva mandato la **figlia** a dare un'occhiata
al salone concorrente.
Così, quel pomeriggio, Vanilla si era recata in
missione con un **GRANDE** cappello e un paio
di occhiali per non essere riconosciuta, e

quello che aveva **SCOPERTO** non le era piaciuto per niente!
– I prodotti del *Beauty Queen* stanno andando a ruba, figurati che per averne alcuni c'è addirittura una LISTA d'attesa! – raccontò al telefono Vanilla alla madre.
– E non hai ancora sentito il peggio: a giorni daranno una FESTA per il lancio di una nuova maschera per capelli! Le clienti non parlavano d'altro!
– UNA FESTA?! – esclamò Vissia. – Beh, vorrà dire che ci toccherà far passare loro ogni voglia di festeggiare...
Vanilla SORRISE: – E hai già qualche idea su come fare?
– Basterà **FAR SPARIRE** la ragione per cui festeggiano – rispose Vissia. – Niente maschera, niente festa!

VISSIA CI METTE LO ZAMPINO

E fu così che il **MATTINO** successivo, quando arrivarono al salone per iniziare i preparativi per la **FESTA** che si sarebbe tenuta qualche giorno più tardi, Ivette, Margaret e le Tea Sisters trovarono ad attenderle un'**AMARA** sorpresa: la porta del salone era stata scassinata, e sugli **SCAFFALI** del retrobottega non era rimasta nemmeno una confezione di *"Capelli da favola"*!

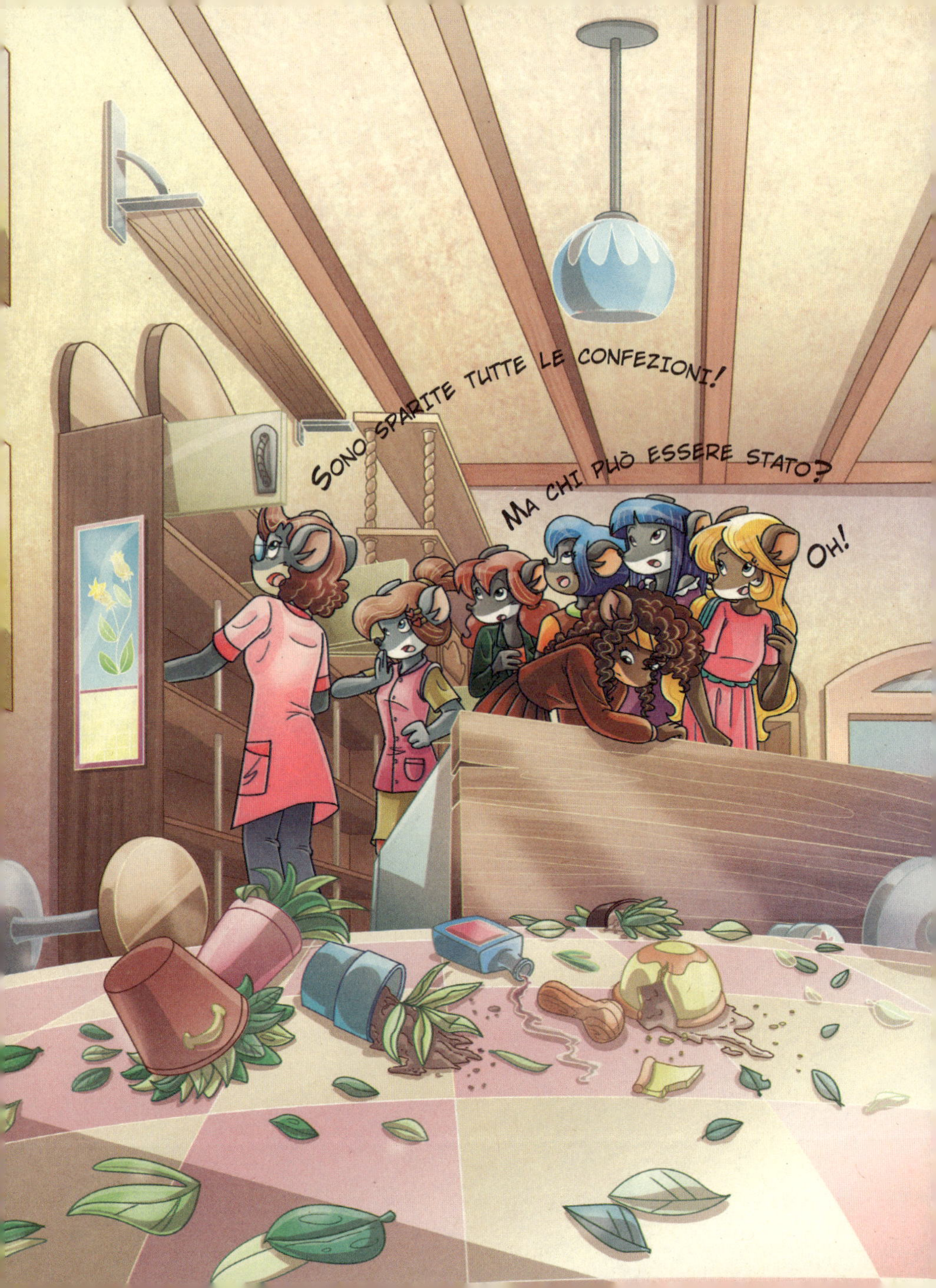
SONO SPARITE TUTTE LE CONFEZIONI!
MA CHI PUÒ ESSERE STATO?
OH!

Una squadra vincente!

– Non è possibile! – esclamò Margaret con la voce TREMANTE. – Tutto il mio lavoro è andato perduto...
Colette guardò la ragazza, ormai sul punto di scoppiare a PIANGERE, e le si avvicinò per tentare di consolarla: – Margaret, vedrai che troveremo una soluzione...
– Su questo non ci sono dubbi! – intervenne Pamela con piglio deciso e battagliero.
– Non so che cosa pensiate voi, ma io ho la sensazione che ci sia una sola persona che potrebbe aver ideato un piano così crudele...

UNA SQUADRA VINCENTE!

– Di chi stai parlando? – domandò Ivette.
– Dell'unica persona a cui farà molto comodo se noi non avremo la **MASCHERA** di Margaret da presentare alla festa – spiegò la ragazza.
– Non capisco... – disse Margaret scuotendo la testa. – Chi può **DESIDERARE** che il salone di Ivette non abbia successo?
– Semplice! – esclamò Colette, che aveva capito al volo il pensiero dell'amica.
– La proprietaria del **salone** concorrente al suo!
Ivette sgranò gli **OCCHI**:
– Vissia de Vissen?

SECONDO ME È STATA... VISSIA?

Una squadra vincente!

– Crediamo proprio di sì – annuì Nicky. – Ma non abbiamo prove...
– E non abbiamo neanche il **tempo** di cercarle! – la interruppe Pam. – Oggi saremo troppo impegnate a non dargliela vinta!
– Che cosa intendi? – chiese Margaret.
– Semplice: prepareremo altre maschere! – rispose la ragazza.
– Ma non ce la farò mai a produrre nuovamente tutti quei **FLACONI**! – obiettò Margaret **AVVILITA**. – Mancano pochissimi giorni all'evento!
– Forse da sola no – rispose Colette. – Ma ci saremo noi con **TE!** E una volta che avremo raccontato ai nostri **amici** quello che è accaduto, anche loro vorranno aiutarci: da questo momento siamo una **SQUADRA!**
E così come Colette aveva previsto, nei giorni

UNA SQUADRA VINCENTE!

successivi il retrobottega del *Beauty Queen* si trasformò in un piccolo laboratorio di **COSMETICA**. C'era chi faceva bollire i semi di lino e chi li **SCHIACCIAVA**, chi mescolava il miele e il sale, e chi infine riempiva i **FLACONI**.

– Allora? – domandò Colette a Margaret quan-

NOI PESTIAMO I SEMI...

NOI LI FACCIAMO BOLLIRE!

Una squadra vincente!

do si accorse che la **ragazza** si guardava attorno **SORPRESA** e compiaciuta. – Hai visto? Il primo passo per risolvere un problema è **NON ABBATTERSI**...
– Hai ragione! – sorrise Margaret. – E se poi si hanno degli amici **fantastici** come voi, è ancora più facile!

Una serata da favola

La sera della FESTA tutto era pronto.
– Ce l'abbiamo fatta! – esclamò Margaret incollando l'ultima ETICHETTA sull'ultimo flacone di maschera.
In quel momento nel retrobottega giunse il TRILLO che annunciava che la porta del salone veniva aperta, e Ivette si precipitò ad accogliere i primi ospiti.
Margaret prese lo SCATOLONE contenente decine di flaconi di *"Capelli da favola"* e, avviandosi verso il salone, fece alle amiche: – *ANDIAMO!*
– Ferma lì! – intimò Colette. – Lo scatolone

Una serata da favola

lo porterà qualcun altro, tu ora ti siedi e ti rilassi. Questa è la tua serata e devi essere bella come una principessa: di te mi occuperò io!
Detto fatto, mentre Margaret si toglieva il grembiule da PARRUCCHIERA
e indossava un abito semplice ma elegante, Colette corse
a RECUPERARE
spazzole, phon e creme e si mise al lavoro.
– WOW! – esclamò Margaret guardandosi allo specchio una volta che Colette ebbe terminato. – Non sembro neanche io...
– E invece sei proprio tu! – rispose Pamela.
VELOCISSIME, anche le Tea Sisters si cambiarono d'abito e si sistemarono i capelli: adesso la SERATA
poteva iniziare!

UNA SERATA DA FAVOLA

– Ora, però, andiamo di là... – le invitò Violet.
– I nostri ospiti vorranno conoscere la creatrice della **migliore** maschera per capelli che esista al mondo!
La festa di presentazione fu un vero successo: Margaret era sempre un po' **INTIMIDITA**, ma le Tea Sisters le rimasero vicine tutto il tempo e poco alla volta la ragazza riuscì a **RIVOLGERE** la parola alle clienti.
Le roditrici, da parte loro, erano **curiosissime** di conoscere tutte le proprietà della maschera *"Capelli da favola"*, e la riempivano di domande!
– È adatta a tutti i tipi di capelli?
– Davvero ha utilizzato solo ingredienti **NATURALI?**

EHM... SALVE!

Una serata da favola

– Come ha fatto a ottenere questo profumo *meraviglioso?*
Ivette era contentissima!
Ma ancora non sapeva che **sorpresa** la aspettava!
A metà serata una roditrice sconosciuta dall'andatura *elegante,* che celava lo sguardo dietro spesse lenti scure, fece il suo ingresso e avanzò tra gli altri **OSPITI**.
– Buonasera! – disse Ivette andandole incontro.
– Buonasera Ivette! – rispose la roditrice sfilandosi gli **OCCHIALI** e rivelando la propria identità.

Una serata da favola

– Ma... ma... tu sei... Brigitte Brigette! – esclamò Ivette. – Che cosa ci fai qui?
– Semplice: ho **ricevuto** un gentilissimo invito da un gruppo di ragazze che sembra avere molto a **cuore** questo posto! – spiegò la famosa attrice.

Brigitte Brigette!

Ciao, Ivette!

Una serata da favola

IVETTE guardò le Tea Sisters e sorrise:
– Non so davvero come ringraziarvi... È una bellissima *sorpresa!*
Quindi, rivolgendosi all'attrice, aggiunse:
– Brigitte, lascia che ti presenti le Tea Sisters... ti assicuro che se sono così *belle fuori* è perché sono ancora *più belle dentro!*
Brigitte sorrise. Ora la festa per il Beauty Queen poteva iniziare!

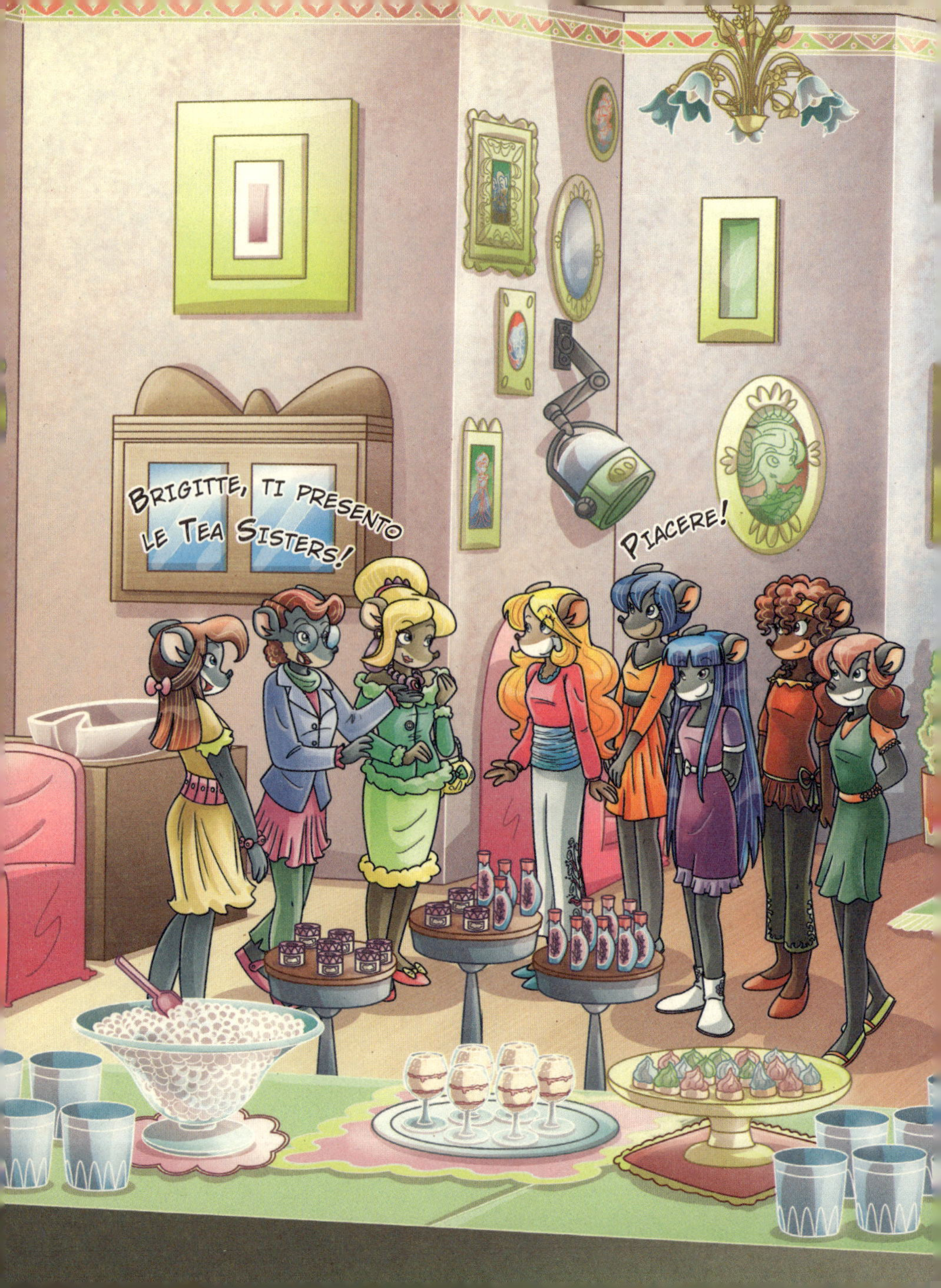
BRIGITTE, TI PRESENTO LE TEA SISTERS!
PIACERE!

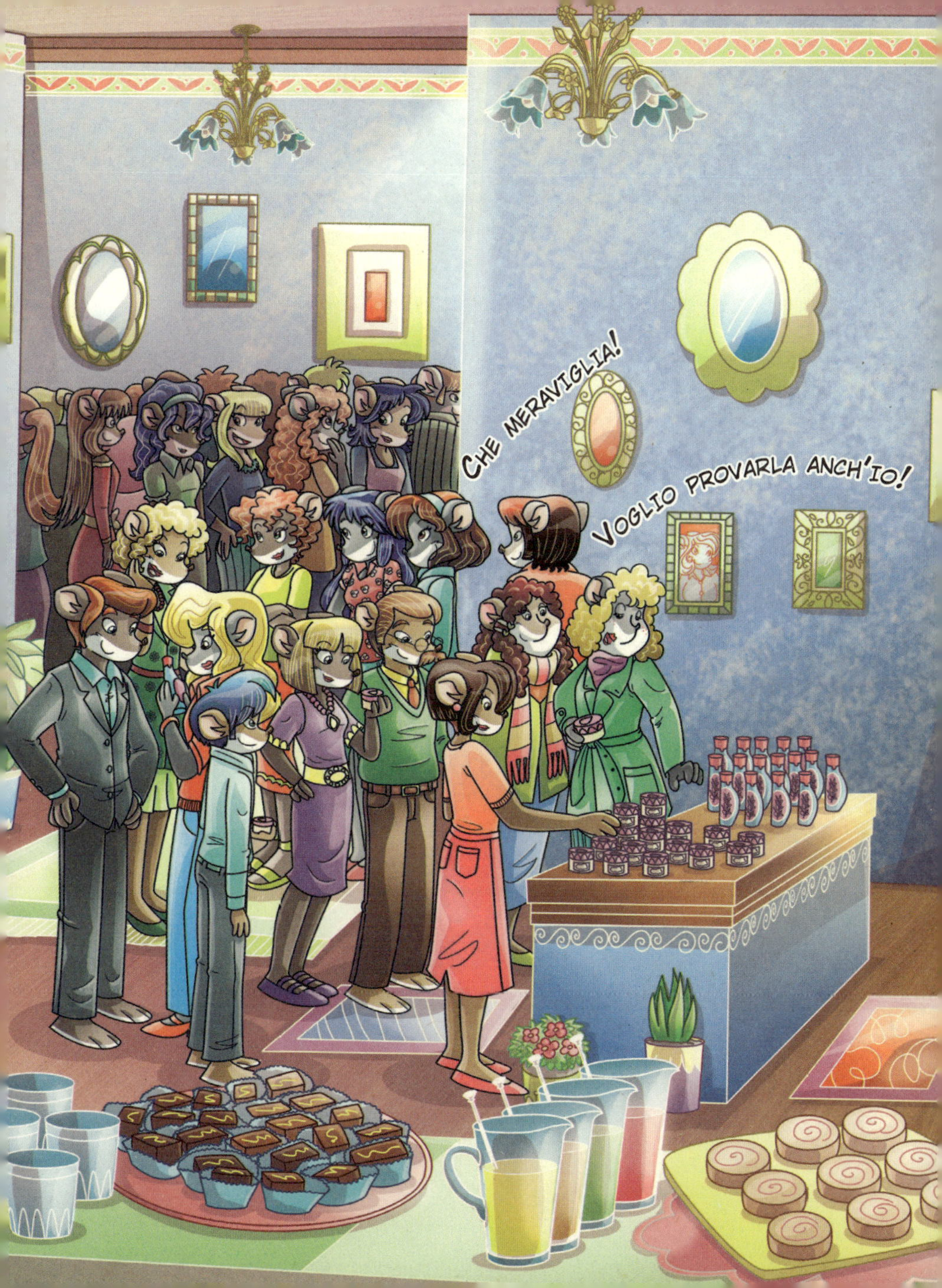
CHE MERAVIGLIA!
VOGLIO PROVARLA ANCH'IO!

INDICE

Relax dopo gli esami — 7

Un pomeriggio speciale — 11

Da Hollywood a Topford! — 21

Un trucco... da urlo! — 26

Insieme per il Beauty Queen — 33

Un nuovo inizio... — 39

Vecchie e nuove invidie... — 46

Una serie di strani incidenti — 51

Operazione 'occhi aperti'	57
Una grande delusione...	64
Segreti di bellezza naturali	71
Un pizzico di fiducia...	77
Una scoperta... profumata!	89
Facciamo festa!	95
Vissia ci mette lo zampino	102
Una squadra vincente!	107
Una serata da favola	112

VITA AL COLLEGE

Leggere è un'avventura emozionante!
Segna tutti i libri della tua collezione!

- 1 L'amore va in scena Topford!
- 2 Il diario segreto di Colette
- 3 Tea Sisters in pericolo!
- 4 Sfida a ritmo di danza!
- 5 Il progetto super segreto
- 6 Cinque amiche per un musical
- 7 La strada del successo
- 8 Chi si nasconde a Topford?
- 9 Una misteriosa lettera d'amore
- 10 Un sogno sul ghiaccio per Colette
- 11 Ciack si gira a Topford!
- 12 Top model per un giorno
- 13 Missione "Mare Pulito"
- 14 Il codice del drago
- 15 Il club delle poetesse
- 16 La ricetta dell'amicizia
- 17 Gran ballo con il principe

♥	18	Il fantasma di Castel Falco
♥	19	Campionesse si diventa!
♥	20	Più che amiche... sorelle!
♥	21	Un matrimonio da sogno
♥	22	Cinque cuccioli da salvare
♥	23	Il concerto del cuore
♥	24	Mille foto per una top model
♥	25	La montagna parlante
♥	26	Il tesoro dei delfini azzurri
♥	27	A lezione di bellezza
♥	28	Una magica notte sulla neve
♥	29	Un tesoro di cavallo
♥	30	Cinque amiche in campo
♥	31	La città segreta
♥	32	Sfilata di moda per Colette
♥	33	I dolci del cuore
♥	34	Stiliste per caso
♥	35	Ballare che passione!
♥	36	Una regata per cinque
♥	37	Sulle note del cuore
♥	38	Un cucciolo in cerca di casa

ISOLA delle BALENE

ISOLA delle BALENE

1. Osservatorio astronomico
2. Faraglioni dei Gabbiani
3. Spiaggia degli Asinelli
4. Clinica veterinaria "Cuccioli felici"
5. Locanda di Marian
6. Monte Franoso
7. Picco del Falco
8. Spiaggia delle Tartarughe
9. Fiume Patella
10. Bosco dei Falchi
11. College di Topford
12. Grotta del Vento
13. Circolo Velico
14. Accademia della Moda
15. Scogli del Cormorano
16. Bosco degli Usignoli
17. Biblioteca Comunale
18. Porto
19. Villa Marea: laboratorio di biologia marina
20. Impianti fotovoltaici per l'energia solare
21. Baia delle Farfalle
22. Scoglio del Faro

TOPFORD

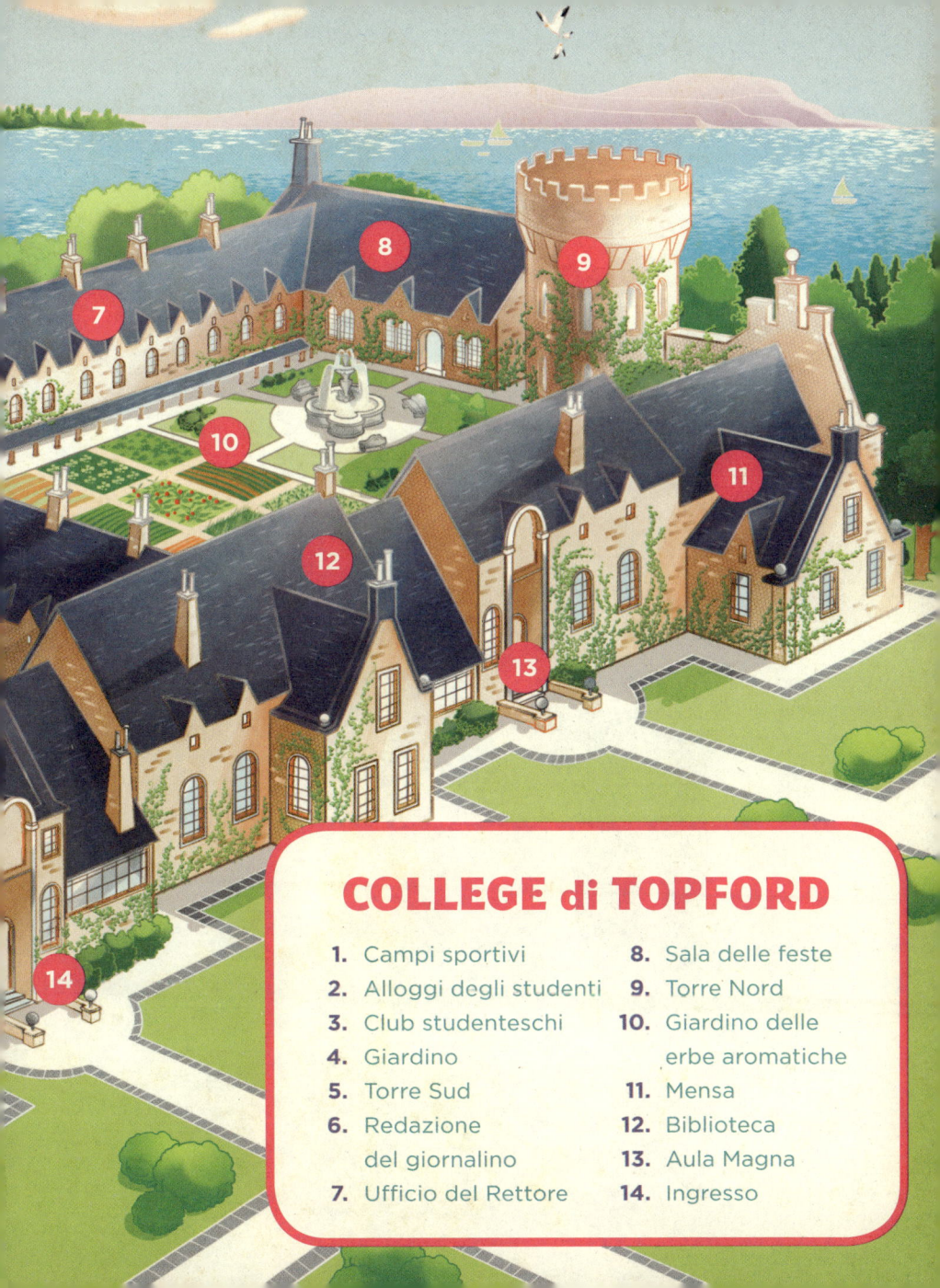

COLLEGE di TOPFORD

1. Campi sportivi
2. Alloggi degli studenti
3. Club studenteschi
4. Giardino
5. Torre Sud
6. Redazione del giornalino
7. Ufficio del Rettore
8. Sala delle feste
9. Torre Nord
10. Giardino delle erbe aromatiche
11. Mensa
12. Biblioteca
13. Aula Magna
14. Ingresso

Arrivederci alla prossima avventura!

Scoprite tutto sul mondo delle Tea Sisters su www.ildiariodelleteasisters.it

PROVA D'ACQUISTO
TEA SISTERS
VITA AL COLLEGE
N°27